SANTCUGAT MAGAZINE - MAIG DE 2017
Dra. Verónica Mezzapelle
ELLANSÉ
on naturalidad
estimula el colágeno
Quiroderma Sant Cugat
Pg. Francesc Macià, 91
T. 93 590 16 66
www.quiroderma.com
Cómo funciona Ellansé?
El tratamiento se realiza con microjeringa para inyectar el relleno y su composición proporciona resultados inmediatos en una única sesión seguido de una estimulación secundaria del propio colágeno (tipo I)
Ellansé es de bioreabsorción total, con una composición extremadamente segura (no requiere test previos de alergia ya que es un producto que no deriva de productos animales, bacterias o humanos), predecible y controlada que se adapta a las necesidades personales de cada paciente.
Qué zonas se pueden tratar?
• Voluminización de temporales
• Levantamiento de cejas
• Lacrimal
• Aumento de barbilla
Cuánto tiempo duraran los resultados?
El tratamiento de una sola sesión tiene una efectividad de entre 1 a 4 años, ya que Ellansé es totalmente bioabsorbible y asegura que va a desaparecer por completo de su cuerpo después de rendimiento deseado.
Regala una escapada
Eugenia Feu · Diseñadora de eventos personales

23
mente emocional.
y 100% original.
610 55 41 79

UN VIAJE EN LÁPIZ

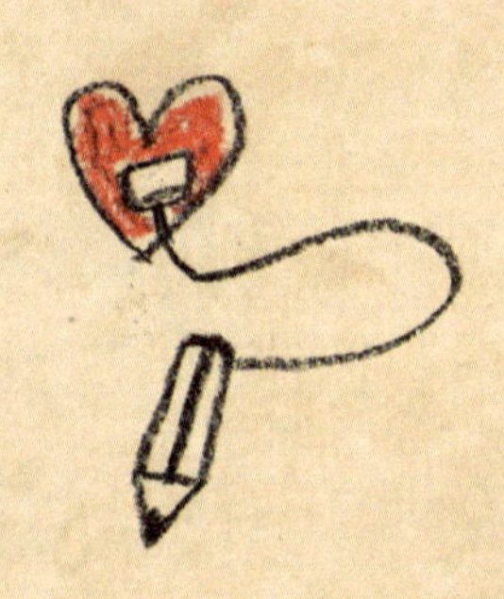

"CADA VEZ
QUE TE ENCUENTRAS
UN LÁPIZ EN LA CALLE,
ES UN REGALO DEL PODER
CREATIVO."

SAMUEL CANE

GUSTI

UN VIAJE EN

LÁPIZ

Historias gráficas

Un viaje en lápiz

D.R. © Editorial Océano, S.L.
Milanesat 21-23, Edificio Océano
08017 Barcelona, España
www.oceano.com

D.R. © Editorial Océano de México, S.A. de C.V.
Guillermo Barroso 17-5, col. Industrial Las Armas
Tlalnepantla de Baz, 54080, Estado de México
www.oceano.mx
www.oceanotravesia.mx

Primera edición: 2023

ISBN: 978-607-557-493-6

Depósito legal: B 3188-2023

HECHO EN MÉXICO/*MADE IN MEXICO*
IMPRESO EN ESPAÑA/*PRINTED IN SPAIN*

9005641010323

LLEVO MÁS DE 20 AÑOS DIBUJANDO EN LIBRETAS.
ESTE LIBRO ES UN RECOPILATORIO DE CUADERNOS
DIBUJADOS ENTRE LOS AÑOS 2000 Y 2018.
LA IDEA NO FUE SELECCIONAR LOS DIBUJOS
MÁS BONITOS, SINO LOS QUE CUENTAN HISTORIAS.
NO SIEMPRE DIBUJO EN SITUACIONES AGRADABLES
O EXÓTICAS.

DIBUJAR ME SIRVE PARA SOBRELLEVAR
MOMENTOS DIFÍCILES, COMO CUANDO MI HIJO
ESTUVO INGRESADO EN EL HOSPITAL.
DIBUJAR ME PERMITE TRANSFORMAR LA REALIDAD
EN ALGO MÁS POSITIVO.
HE COMPROBADO EL PODER QUE TIENEN LOS DIBUJOS
CUANDO LOS HACES DESDE EL CORAZÓN.
DIBUJAR PARA MÍ ES UNA ~~FORMA~~ MANERA
DE RELACIONARME, NO SÓLO CON LA GENTE, SINO
TAMBIÉN CON LOS COLORES, LAS MANCHAS, LOS ESPACIOS...
UN UNIVERSO INFINITO DE RELACIONES.
NUNCA VIAJO SOLO, VIAJO ACOMPAÑADO DE MI
CUADERNO.
HE CONOCIDO PUEBLOS INDÍGENAS A LO LARGO
DE LA AMAZONÍA ECUATORIANA, COMO LOS "COFANES"
O LOS "ZAPARAS".
TERRITORIO DEL JAGUAR, DEL ÁGUILA HARPÍA,
DE LA ANACONDA. LUGAR MÁGICO DONDE LOS
ESPÍRITUS DEL BOSQUE EXISTEN Y PUEDEN
ENCONTRARTE SI CREES EN ELLOS.
VISITÉ LA SELVA LACANDONA EN CHIAPAS, MÉXICO,
TERRITORIO DE "LOS HOMBRES VERDADEROS".
LOS PUEBLOS MAYAS, ENTRE ELLOS LOS TZELTALES,
QUIENES LLEVAN EN SU PIEL EL COLOR DE LA
TIERRA QUE CULTIVAN.
ALLÍ LA MADRE TIERRA ES HÚMEDA Y HAY HERMOSOS
RÍOS FRESCOS Y PROFUNDOS DE COLOR TURQUESA.

LLEGUÉ A LA PATAGONIA ARGENTINA, A LA MESETA
DE SOMUNCURÁ, SITUADA EN LA PROVINCIA
DE RÍO NEGRO, SIGUIENDO EL VUELO DE LOS CÓNDORES,
AVE SAGRADA PARA LOS PUEBLOS ORIGINARIOS.
DE LA MANO DEL LÁPIZ HE RECORRIDO MUCHOS PAÍSES
DE LATINOAMÉRICA: NICARAGUA, COLOMBIA, CHILE,
COSTA RICA, BOLIVIA, BRASIL.
EN TODOS ELLOS HE DADO Y HE RECIBIDO ALGO.
HE IMPARTIDO TALLERES DE ILUSTRACIÓN, HE VISITADO
ESCUELITAS EN MEDIO DEL MONTE.
HE CONOCIDO BELLÍSIMAS PERSONAS CON HISTORIAS DE
VIDA INCREÍBLES...
HE EXPERIMENTADO LA SOLIDARIDAD, HE PINTADO
MURALES, HE ESCUCHADO Y HE APRENDIDO.
CUANDO NO VIAJO SIGO DIBUJANDO:
CADA MAÑANA, DESPUÉS DE DEJAR A MI HIJO
EN EL INSTITUTO, TOMARME UN CAFECITO EN UN BAR
SE CONVIRTIÓ EN UN RITUAL.
DESDE MI MESA DIBUJABA A TODAS LAS PERSONAS
QUE COMO YO VENÍAN A DESAYUNAR.
MIS LIBRETAS SE LLENARON DE PERSONAS ANÓNIMAS
QUE A FUERZA DE DIBUJARLAS TERMINARON SIENDO
FAMILIARES PARA MÍ.
EN EL JARDÍN DE UNA RESIDENCIA PARA PERSONAS
MAYORES VI A UNA ABUELA EN SU SILLA DE RUEDAS
CON LA MIRADA PERDIDA EN EL HORIZONTE,
Y ME PREGUNTÉ: ¿CUÁNTAS HISTORIAS TENDRÁ PARA CONTAR?
ASÍ PASÉ DOS AÑOS YENDO A DIBUJAR PERSONAS
MAYORES EN DISTINTAS RESIDENCIAS.
CON MUCHOS DE ELLOS LLEGAMOS A TENER UNA
RELACIÓN DE AMISTAD.
OTROS SE MURIERON, PERO EN MIS LIBRETAS SIGUEN
VIVOS.
DIBUJANDO CAMBIÉ MI MIRADA.
CUANDO DIBUJO SIENTO QUE ESTOY EN CASA,
ME SIENTO "EL DIBUJANTE".
DIBUJO PARA CONTAR HISTORIAS, DIBUJO MI VIDA
Y LA COMPARTO.

GUSTI

EN ESTAS PÁGINAS ENCONTRARÁS
MI VIDA DIBUJADA.

DISFRÚTALO Y CUÍDALO,
QUE ESTÁ MI VIDA ADENTRO.

ESTE LIBRO SE LO DEDICO
A MIS PADRES MAURICIO Y CLARITA,
QUE SE MARCHARON CON LA PANDEMIA,
Y QUE SIEMPRE ME APOYARON PARA
QUE DIBUJE.

Gusti

NACÍ EL 13 DE JULIO DEL AÑO 1963, A LAS 5 DE LA MAÑANA.

ESE AÑO SE ESTRENÓ EN JAPÓN "ASTROBOY"

LOS BEATLES, LANZAN EL ALBUM "PLEASE, PLEASE ME"

SE PUBLICÓ EL PRIMER CÓMIC DE "THE AMAZING SPIDERMAN"

MARTIN LUTHER KING JR. PRONUNCIÓ SU CÉLEBRE DISCURSO "I HAVE A DREAM"

JULIO CORTÁZAR PUBLICÓ SU NOVELA "RAYUELA"

DE GRANDE ME SIGUE GUSTANDO DIBUJAR.

SE ESTRENÓ "DR. NO", LA PRIMERA PELÍCULA DE JAMES BOND.

MI MADRE
DECÍA QUE YO HABÍA NACIDO CON UN LÁPIZ
BAJO EL BRAZO.
MUCHOS PENSABAN QUE TENÍA MUCHO TALENTO
Y SUGIRIERON QUE ME LLEVARA A UNA ACADEMIA
DE PINTURA.
DECÍAN QUE TAL VEZ, CUANDO CRECIERA, PODRÍA
SER TAN FAMOSO COMO WALT DISNEY.

Y ASÍ FUI CRECIENDO Y DIBUJANDO,
DIBUJANDO Y CRECIENDO, SABIENDO
QUE CUANDO FUERA GRANDE SERÍA
COMO WALT DISNEY.

LO GUARDO PORQUE CUANDO SEAS FAMOSO, ESTOS DIBUJOS VALDRÁN UNA FORTUNA.

YO QUIERO

SER COMO WALT DISNEY

LA GENTE SE GUARDABA
TODOS LOS DIBUJOS
QUE HACÍA, YA FUERA EN
UNA SERVILLETA O EN CUALQUIER
PAPEL. SE LOS ~~GUARD~~ QUEDABAN
CON LA ESPERANZA DE
HACERSE RICOS ALGÚN DÍA.

"WALT DISNEY".

SER FAMOSO

DE TANTO ESCUCHARLO, QUERÍA SER GRANDE, SER FAMOSO, SER UN GRAN DIBUJANTE, PERO ¿QUE SE NECESITARÍA PARA SERLO?

SI QUERÍA SER FAMOSO, NECESITABA A UNA AGENTE QUE ME REPRESENTARA.

NO CONOZCO A NINGÚN ACTOR O ARTISTA, QUE SE PRECIE DE SERLO, QUE NO TENGA UN AGENTE.

ASÍ QUE BUSQUÉ AL MEJOR AGENTE DEL MUNDO: SU NOMBRE ES CLARITA. ELLA ES LA VENDEDORA DE AVON MÁS ANTIGUA DE LA TIERRA, ¡Y ES MI MAMÁ!

MI MEJOR AGENTE

MI MAMÁ

¿CÓMO FUNCIONA UNA BUENA AGENTE?

EN UNA OCASIÓN MI MADRE VINO SOLA DESDE BUENOS AIRES PARA VISITARME EN BARCELONA.

FUI A RECOGERLA AL AEROPUERTO Y TOMAMOS UN TAXI HACIA MI CASA.

(DESDE HACE 30 AÑOS ME ESTABLECÍ EN BARCELONA CON MI FAMILIA.)

MI MAMÁ NO PERDIÓ OPORTUNIDAD PARA DECIRLE AL TAXISTA:

–¿SABE A QUIÉN LLEVA EN EL COCHE, SEÑOR?

EL TAXISTA MIRÓ POR EL ESPEJO RETROVISOR Y CON CARA DE SORPRESA RESPONDIÓ:

–NO, SEÑORA. ¿A QUIÉN?

–¿CÓMO? –DIJO MI MAMÁ CON TONO DE INCREDULIDAD
–A GUSTI, EL MEJOR DIBUJANTE DEL MUNDO.
AL TAXISTA SE LE ILUMINÓ LA CARA.
–¡AH, SÍ, CLARO! GUSTI, ES UN HONOR LLEVARLO EN MI TAXI,
–RESPONDIÓ.
Y ASÍ FUE TODO EL VIAJE HASTA CASA.
Y ASÍ FUNCIONA UNA AGENTE DE TIEMPO COMPLETO.

OTRA VEZ FUI YO QUIEN VIAJÓ A ARGENTINA A VISITAR A MIS PADRES.
MI MADRE, CON SU BASTÓN, VINO A BUSCARME AL AEROPUERTO. AHÍ VIO UN MONTÓN DE PERIODISTAS Y CLARO, COMO BUENA AGENTE, SE ACERCÓ A ELLOS Y LES PREGUNTÓ:

–DISCULPEN, ¿USTEDES ESTÁN ESPERANDO A GUSTI?

–¿GUSTI? –DIJO EL PERIODISTA–, ¿QUIÉN ES GUSTI?

–¿CÓMO? –RESPONDIÓ MI MAMÁ–, ES EL MEJOR DIBUJANTE DEL MUNDO.

–PERDONE, SEÑORA, PERO ESTAMOS ESPERANDO AL VICEPRESIDENTE QUE VIENE EN EL AVIÓN.

EL MEJOR DIBUJANTE DEL MUNDO

¿QUÉ SE NECESITA PARA SER EL MEJOR DIBUJANTE DEL MUNDO?
EN BOLONIA, ITALIA, SE CELEBRA UNA VEZ AL AÑO LA FERIA DEL LIBRO MÁS IMPORTANTE DEL MUNDO DE LITERATURA INFANTIL Y JUVENIL.
TENÍA QUE IR.

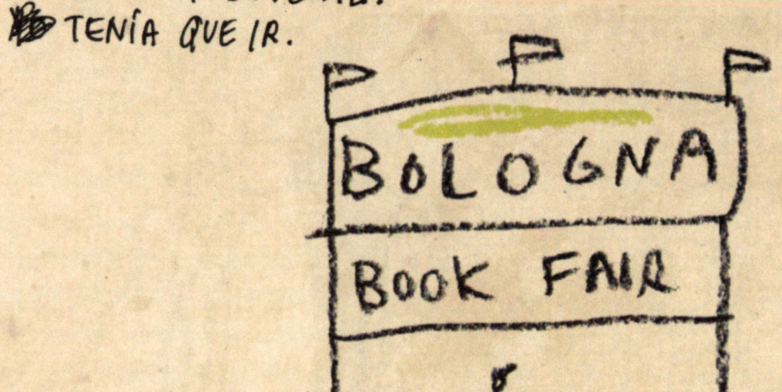

ALLÍ SE DAN CITA LAS MEJORES EDITORIALES DEL MUNDO. Y LOS ILUSTRADORES MÁS IMPORTANTES DEL MUNDO; CON LAS MEJORES CARPETAS DEL MUNDO, Y LOS MEJORES TRABAJOS DEL MUNDO.
ERA EL LUGAR IDÓNEO PARA IR.

ALLÍ SE PUEDEN ENSEÑAR LOS TRABAJOS, Y SI SON ELEGIDOS, FORMAN PARTE DE UNA EXPOSICIÓN EN DONDE TODO EL MUNDO PUEDE VERLOS Y, ADEMÁS, LOS INCLUYEN EN UN CATÁLOGO MUY IMPORTANTE.

SI NADA DE ESO FUNCIONA, SI NADIE MIRA LOS TRABAJOS, SI NADIE LOS SELECCIONA PARA LA EXPOSICIÓN INTERNACIONAL, NO PASA NADA.
FRACASAR ES PARTE DEL PLAN.

FRACASAR

TENER QUE IR A RECOGER LOS ORIGINALES QUE HABÍAS ENVIADO CON TANTA ILUSIÓN Y CON TANTA SEGURIDAD DE QUE ERAN LOS MEJORES, ES UN TRAGO DURO.

ALLÍ, DETRÁS DE UNA CASETA, HAY UNA FILA DE PERSONAS COMO YO QUE ESPERAN PARA RECOGER SUS TRABAJOS. YO LA LLAMO "LA FILA DE LOS HUMILLADOS".

LA FILA DE LOS HUMILLADOS.

FRACASAR

A VECES LAS COSAS
NO SALEN COMO ESPERAMOS.

EL DIBUJO **TAMBIÉN**
NOS ENSEÑA A FRACASAR.

CUÁNTAS VECES HE IDO A VER A UN
EDITOR Y ÉSTE ME HA DICHO:
NO ES NUESTRO ESTILO.
DÉJEME UNAS FOTOCOPIAS Y SI
VEMOS ALGO EN SU ESTILO LO LLAMAREMOS.
"¿NO PODRÍA DIBUJAR COMO FULANITO?"
"SU ESTILO NO ES MUY INFANTIL."
"¿PORQUE DEJA TANTO BLANCO?"

"HOY ME SIENTO UNA BASURA"

ENTONCES.

¿QUÉ SE NECESITA PARA SER EL MEJOR DIBUJANTE DEL ?

POR EJEMPLO

GANAR PRÉMIOS

PRESENTARSE A PRÉMIOS LITERARIOS Y GANARLOS.
ESO TE ACERCA MUCHO AL OBJETIVO DE SER UN GRAN DIBUJANTE.
ADEMÁS, LAS MAMÁS SE PONEN MUY CONTENTAS.

EL SUEÑO COMIENZA A HACERSE REALIDAD.

COMENCÉ A PUBLICAR EN EDITORIALES IMPORTANTES EN DIFERENTES IDIOMAS.

LA GENTE COMENZÓ A PARARSE PARA SALUDARME.
CUANDO ME VEÍAN, ME PARABAN PARA PREGUNTARME
SI TENÍA ALGÚN NUEVO PROYECTO PARA ENVIÁRSELOS,
VERLO Y PUBLICARLO SI TODO SALÍA BIEN.

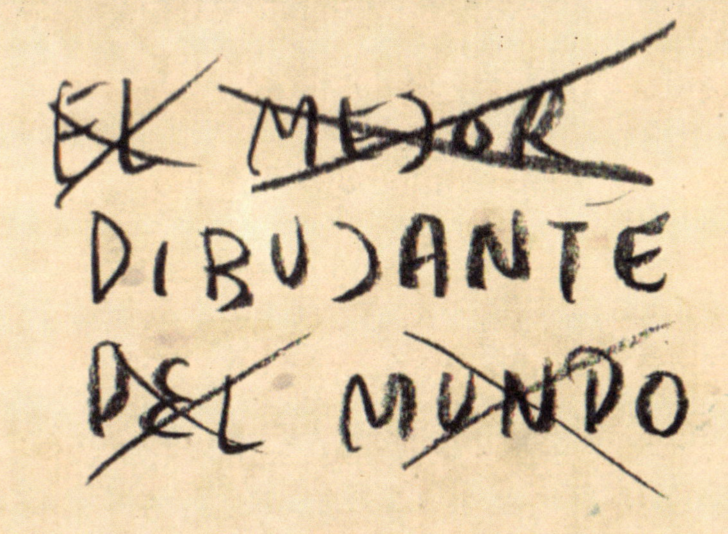

EN LA MEDIDA EN LA QUE IBA DANDO PASOS FIRMES HACIA LA CIMA MUNDIAL, SENTÍA QUE EL DESEO DE SER EL MEJOR DIBUJANTE DEL MUNDO SE DESVANECÍA. EN REALIDAD, NO QUIERO SER EL MEJOR DIBUJANTE DEL MUNDO. SÓLO QUIERO SER UN DIBUJANTE.

¿QUÉ SE NECESITA PARA SER DIBUJANTE?

SER DIBUJANTE ES UNA FORMA DE VIDA.

EL LÁPIZ PUEDE SER UNA HERRAMIENTA DE SANACIÓN, DE JUEGO Y DE INCLUSIÓN.

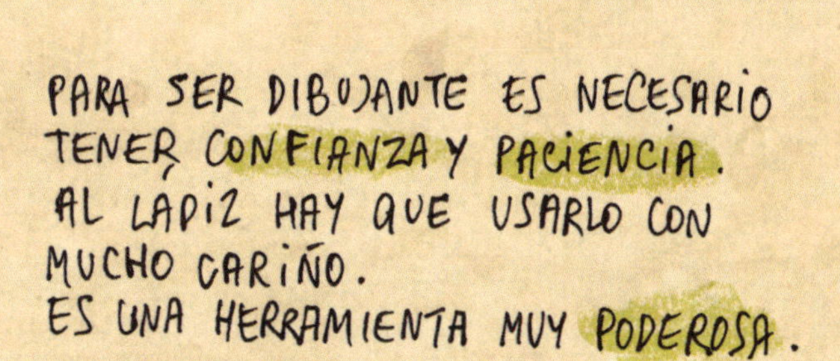

PARA SER DIBUJANTE ES NECESARIO TENER CONFIANZA Y PACIENCIA. AL LÁPIZ HAY QUE USARLO CON MUCHO CARIÑO. ES UNA HERRAMIENTA MUY PODEROSA.

PUEDE SER LA LLAVE PARA ABRIR NUESTRO CORAZÓN

DIBUJAR NO ES UN TRABAJO. ES UNA FORMA DE VER LA VIDA PARA LUEGO PLASMARLA EN EL PAPEL.

¿QUÉ SE NECESITA PARA SER DIBUJANTE?

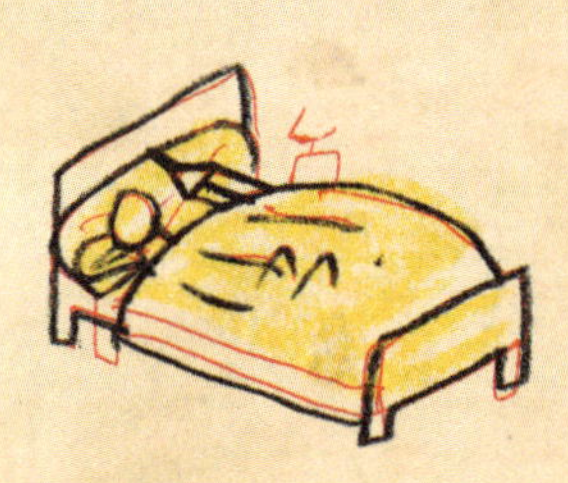

SER MUY OBSERVADOR.
DIBUJAR EN TODOS LADOS,
EN MANTELES Y SERVILLETAS.
IR SIEMPRE CON UN LÁPIZ.

EL LÁPIZ HACE:

MAGIA
AMIGOS
SANAR
COSQUILLAS
REÍR
SOÑAR

EL LÁPIZ PUEDE
SER UNA PLUMA
PARA VOLAR.

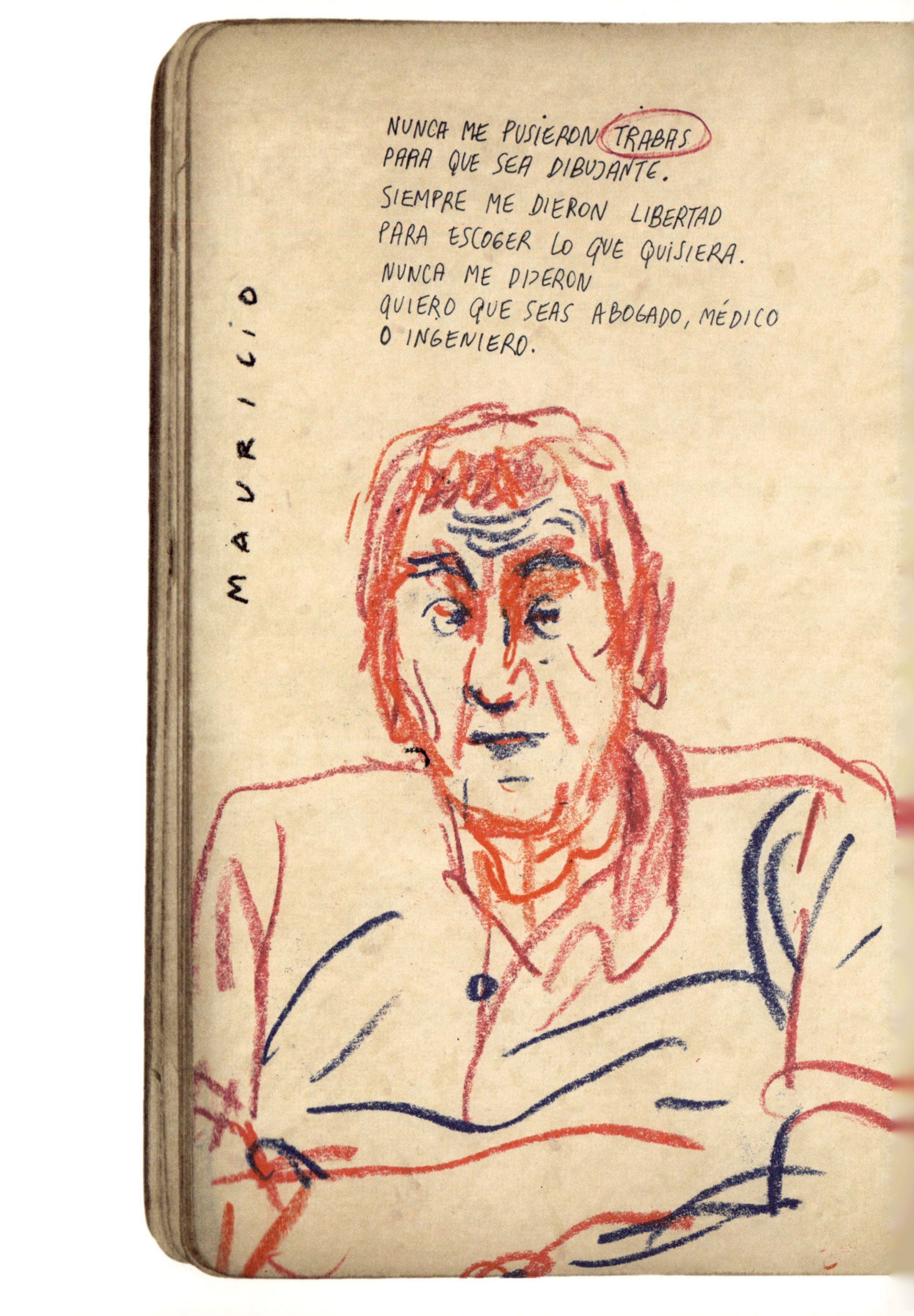
MAURICIO
NUNCA ME PUSIERON TRABAS
PARA QUE SEA DIBUJANTE.
SIEMPRE ME DIERON LIBERTAD
PARA ESCOGER LO QUE QUISIERA.
NUNCA ME DIJERON
QUIERO QUE SEAS ABOGADO, MÉDICO
O INGENIERO.

MIS PADRES DIBUJADOS

RECUERDO SIEMPRE A MI MAMÁ DICIÉNDOME: "¡SALUDA A LA SEÑORA, NENE!"

CLARITA

MAMÁ

MI MAMÁ DE JOVEN TOCABA EL PIANO,
DIBUJABA RETRATOS Y GANÓ UN CONCURSO
DE BELLEZA "MISS SONRISA" A LOS 17 AÑOS.

ESCLEROSIS MÚLTIPLE

UN MIEMBRO MÁS
DE LA FAMILIA, QUE NADIE
ESCOGIÓ.

CUANDO ERA PEQUEÑO MI MAMÁ ME LLEVÓ AL INSTITUTO IDEAS,
UNA ACADEMIA DE PINTURA. DURÉ MUY POCO ALLÍ,
PUES LE DIJE QUE YO DIBUJABA MEJOR QUE LA PROFESORA.
CITANDO A MI MAMÁ.

CREO QUE MI MADRE ESTÁ ORGULLOSA DE
ADÓNDE HE LLEGADO CON EL LÁPIZ
ANULADO

PAPÁ

MI PAPÁ CON LA CIUDAD DE BARCELONA AL FONDO.
ME GUSTA ESTE DIBUJO, PORQUE ME EVOCA ESAS
CAMINATAS QUE HACÍAMOS JUNTOS POR LA PLAYA.

LLEVO MÁS DE 30 AÑOS FUERA DE MI PAÍS.
NUNCA PENSÉ SERIAMENTE QUE REPRESENTÓ
ESO PARA MIS PADRES, LA VERDAD ES QUE NUNCA
SE LOS PREGUNTÉ.

PEUGEOTODO ACCESORIOS
¡BUENAS! ESTOY BUSCANDO ESTA PIEZA PARA EL CARBURADOR
MI PAPÁ NO ESTÁ.
¿TARDARÁ MUCHO EN VOLVER TU PAPÁ?
HA DICHO QUE VUELVE EN 5 MINUTOS
DURANTE LOS VERANOS ME QUEDABA A AYUDAR EN EL NEGOCIO DE MI PAPÁ: UNA CASA DE VENTA DE ACCESORIOS PARA COCHES LLAMADA "PEUGEOTODO".
LA VERDAD ES QUE YO NO ERA DE GRAN AYUDA, ASÍ QUE PASABA EL TIEMPO DIBUJANDO EN LAS HOJAS DE CONTABILIDAD QUE MI PADRE DESECHABA.

MI PAPÁ CUANDO ERA PEQUEÑO
ME LLEVABA A VER CARRERAS
DE COCHES, SERÁ POR ESO
QUE LE TENGO MIEDO A LA
VELOCIDAD.

ME ENCANTA LLEGAR A UN PAÍS Y QUE ALGUIEN CON UN CARTEL QUE PONE TU NOMBRE TE ESTÉ ESPERANDO.

ME GUSTA DIBUJAR EN LAS SALAS DE ESPERA
EN LOS AEROPUERTOS.
EL JUEGO CONSISTE EN DIBUJAR A LAS PERSONAS
SIN QUE ÉSTAS SE DEN CUENTA QUE LAS ESTOY
DIBUJANDO.

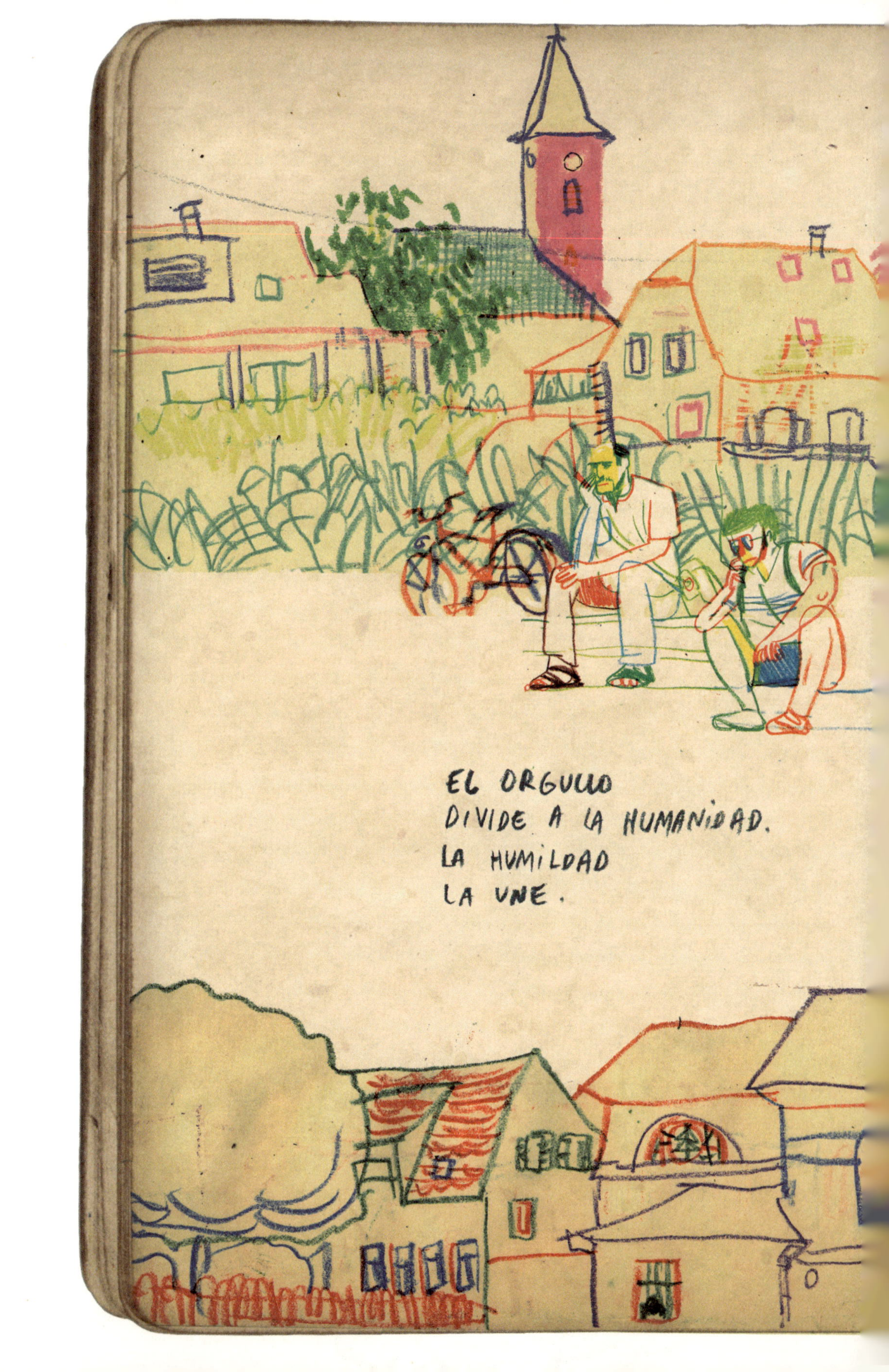
EL ORGULLO
DIVIDE A LA HUMANIDAD.
LA HUMILDAD
LA UNE.

CIUDADES
GENTE

ZARAGOZA
2016

AUTO AYUDA
BUENOS AIRES
ARGENTINA

MILLWAKEE U.S.A.

SAN DIEGO BEACH

1er CAFÉ

1er CAFÉ se enamora

Y TUVIERON UN HIJO Y LO LLAMARON CAFÉ CON LECHE.

EL
ÚLTIMO
CAFÉ

CAFÉ CON CREMA
CAFE SIN AFEITAR

DESDE EL PUNTO DE VISTA DE UN DIBUJANTE, SENTARSE A TOMAR UN CAFÉ POR LA MAÑANA ES, ADEMÁS DE UN PLACER, UNA OPORTUNIDAD PARA OBSERVAR A LA GENTE.

ES UNA ESPECIE DE RITUAL, DESAYUNO, OBSERVO Y VEO QUE LAS PERSONAS ESTAMOS LLENAS DE PEQUEÑOS GESTOS.

IDENTIFICAR ESTOS GESTOS, ESTAS RUTINAS ES LO QUE MÁS ME GUSTA.

POR ESO VOY A DIBUJAR A LOS BARES, A LOS CAFÉS Y A LAS TERRACITAS.

LA GENTE EN ESE MOMENTO SAGRADO DE TOMARSE UN CAFÉ, LEER EL PERIÓDICO ES AUTÉNTICA, TODO ENVUELTO POR UN SONIDO AMBIENTE DE CHARLAS, PLATOS Y TAZAS.

ASÍ, MIENTRAS LOS DIBUJO SIN QUE ELLOS SEPAN QUE LOS ESTOY OBSERVANDO Y DIBUJANDO, ES POSIBLE DARSE CUENTA DE CÓMO ESTÁN EN ESE MOMENTO.

–¿ESTÁN BIEN? HMMM... HOY NO, ESTÁN TENSOS.

ES PURA MAGIA OBSERVAR Y PLASMARLO EN UN PAPEL.

Y SI NO HAY GENTE PARA DIBUJAR, ME ENTRETENGO CON LAS BOLSITAS DE AZÚCAR, CON LAS MANCHAS DE CAFÉ EN LAS SERVILLETAS O JUEGO CON LAS MIGAS DE UN CROISSANT INVENTANDO PERSONAJES.

descafeinado
1
CA
FÉ
1

La Familia 1er CAFÉ
papá 1er CAFÉ
mamá VASO de LECHE
hijito CAFÉ CON LECHE
gatito
bolsita de azucar.
perro cucharita
CADA DÍA
DURANTE 2 AÑOS,
DESPUES DE DEJAR
A MI HIJO THEÓ AL INSTITUTO.
ME JUNTABA CON MI AMIGA CLAUDIA
PARA TOMAR UN CAFÉ. GRAN PARTE
DE LOS DIBUJOS DE PERSONAS TOMANDO
UN CAFÉ ESTÁN HECHOS EN UN
CAFÉ DE LA FLORESTA.

AGRADEZCO A TODAS LAS PERSONAS QUE APARECEN EN LOS DIBUJOS DE FORMA ANÓNIMA.

ME TOMO 3 MESES Y ME VOY A LAS ISLAS GRIEGAS
SE ACABÓ, SE ACABÓ LA VIDA ERA ESTO.
ES MI ÚLTIMO AÑO, ASÍ QUE YO MÚSICA
NO SÉ AHORA CON LO DEL REY. SI METEN CAÑA CON EL REY.
TENEMOS QUE PENSAR EN EL 50 ANIVERSARIO
LAS 3 MONTSES HAY QUE ENCONTRARLAS
NO HAY QUE DAR MUCHO LA LATA.
MUCHAS VECES, CUANDO DIBUJO EN UN CAFÉ, ESCUCHO LAS CHARLAS Y LAS FRASES DE LA GENTE. LAS QUE ME RESUENAN, LAS VOY ESCRIBIENDO. ES COMO SI ESCUCHARA LA RADIO. MIS AMIGOS YA ME CONOCEN Y NO SE ENFADAN POR MI DESCONEXIÓN, YO CREO QUE DIBUJANDO ESTOY EN REALIDAD MÁS CONCENTRADO EN NUESTRA CHARLA AUNQUE NO LO PAREZCA.

AHORA ESTAMOS VIENDO HOMELAND.
TENGO LA NARIZ DE GERARD DE PARDIEU.
A MÍ NO ME GUSTARÍA ESTAR EN LA PIEL DE ESOS TIPOS

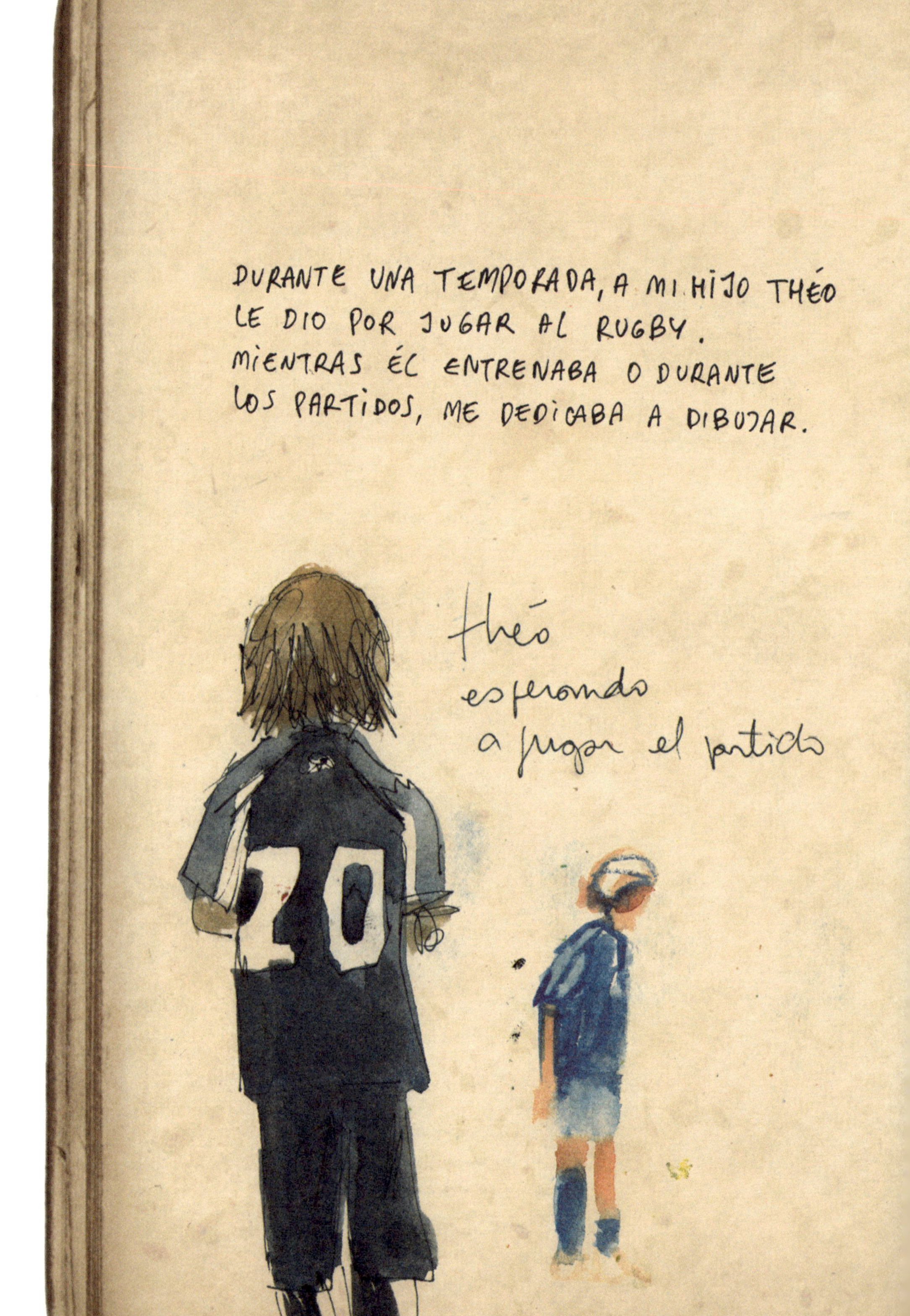
DURANTE UNA TEMPORADA, A MI HIJO THÉO
LE DIO POR JUGAR AL RUGBY.
MIENTRAS ÉL ENTRENABA O DURANTE
LOS PARTIDOS, ME DEDICABA A DIBUJAR.
théo
esperando
a jugar el partido

EL RUGBY

ESPÍRITU DE EQUIPO

ES UN JUEGO DE COMBATE Y EVITAMIENTO HOLÍSTICO

LO QUE ME GUSTA DEL RUGBY ES QUE
ES UN DEPORTE INCLUSIVO. TODOS
TIENEN SU LUGAR, SIN IMPORTAR SI
SE ES GORDITO, MUY GORDO O MUY ALTO.
TAMBIÉN JUEGAN LAS CHICAS Y
LOS CHICOS JUNTOS.
A MÍ LO QUE
MÁS ME GUSTA
ES "PLACAR".
Josel Serras

las niñes juegan al rugby
el entrenador dando indicaciones
las abelles
niña del equipo Sambo yana
vestimenta del BUC
L'Hospitalet

JUGAR PARA GANAR, PERO NO A CUALQUIER PRECIO.
GANAR CON DIGNIDAD
Y PERDER CON ELEGANCIA.
11 años
Dany
El rugby
es un juego
de equipo
y de lucha.

¿QUÉ ES EL RUGBY?
ESPÍRITU DE EQUIPO
DIVERSIÓN
DEPORTIVIDAD
RESPETO
DISCIPLINA
escudo del
Club Sant Cugat
SC

NUNCA VIAJO SOLO,
SIEMPRE VIAJO ACOMPAÑADO
DE UNA LIBRETA DE VIAJE.

MÉXICO

MÁS SAL A LA VIDA,
MENOS A LA COMIDA.

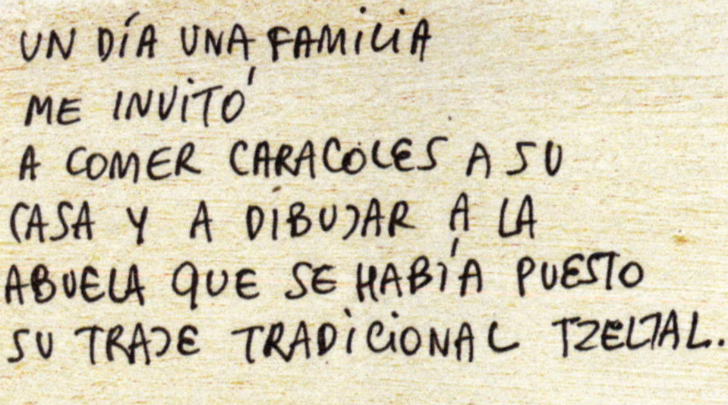

UN DÍA UNA FAMILIA ME INVITÓ A COMER CARACOLES A SU CASA Y A DIBUJAR A LA ABUELA QUE SE HABÍA PUESTO SU TRAJE TRADICIONAL TZELTAL.

NEGRO – IK
BLANCO – SAK
ROJO – TSAJ
AZUL – XAYHELEL (COLOR DEL CIELO)
VERDE – JAYCH

LENGUA TZELTAL

OJO – ZIT
NARIZ – JANI
OREJA – CHIKIN
BOCA – JKE
DIENTES – E'JAL
PELO – ZOTIS JOL
CABEZA – JOL
BIGOTE – IXIM
BRAZOS – SCAB
PIERNAS – YAKAN
CULO – YIT
PIES – YOK
UÑAS – YEKACHT
CORAZÓN – KOTÁN

ESTRELLA – EK
CIELO SAGRADO – XUL'CHAN
COLIBRÍ – TZUNU
VERDURA – ITAJ
GALLINA – MUT

EN EL DIBUJO
HAY RECONOCIMIENTO,
HAY ANCESTRALIDAD.
RESPETO POR LAS TRADICIONES.
EL LÁPIZ ME PERMITE
HACER AMIGOS.

EJIDO
(COMUNIDAD)
E SANTO DOMINGO
EN CHIAPAS
LAS MUJERES CUANDO VEÍAN
QUE LAS DIBUJABA
SE PONÍAN DE ESPALDAS.
BIBLIOTECA PÚBLICA
"STZ'UNEL JP'IJILTIC"
(SEMBRANDO SABIDURÍA)
KUSHA WOTAN..
¿COMO ESTÁ TU CORAZÓN?
HOKO LAGUAL _ GRACIAS
BIN CAPA'S. ¿COMO ESTÁS ?
TALEMONTA ESPAÑA _ YO VENGO DE ESPAÑA
TUTWINIK _ NIÑO
TUTANTS _ NIÑA
ANTS _ MUJER
BANKIL _ HERMANO
LENGUA TZELTAL
CHIAPAS

SI VES LA MILPA CON HOJAS VERDES Y PLATEADAS,
CON DOS O TRES GUSANOS, ES EL LENGUAJE
DE TENER BUENA COSECHA.

SI VES UNA CAPA DE HONGO CON GRANOS DE MAÍZ,
COSECHARÁS BUENAS MAZORCAS.

NO IMITES EL GRAZNIDO DEL AVE NOCTURNA PORQUE ESTARÁS LIBERANDO OTRA ALMA Y TÚ SERÁS LA PRESA DE ESA AVE.

SI VEZ LA MILPA QUE VUELA DANZANDO RODEANDO EL PÁJARO DE TEJER, ES EL LENGUAJE DE QUE PREPARASTE A TIEMPO LA MILPA.

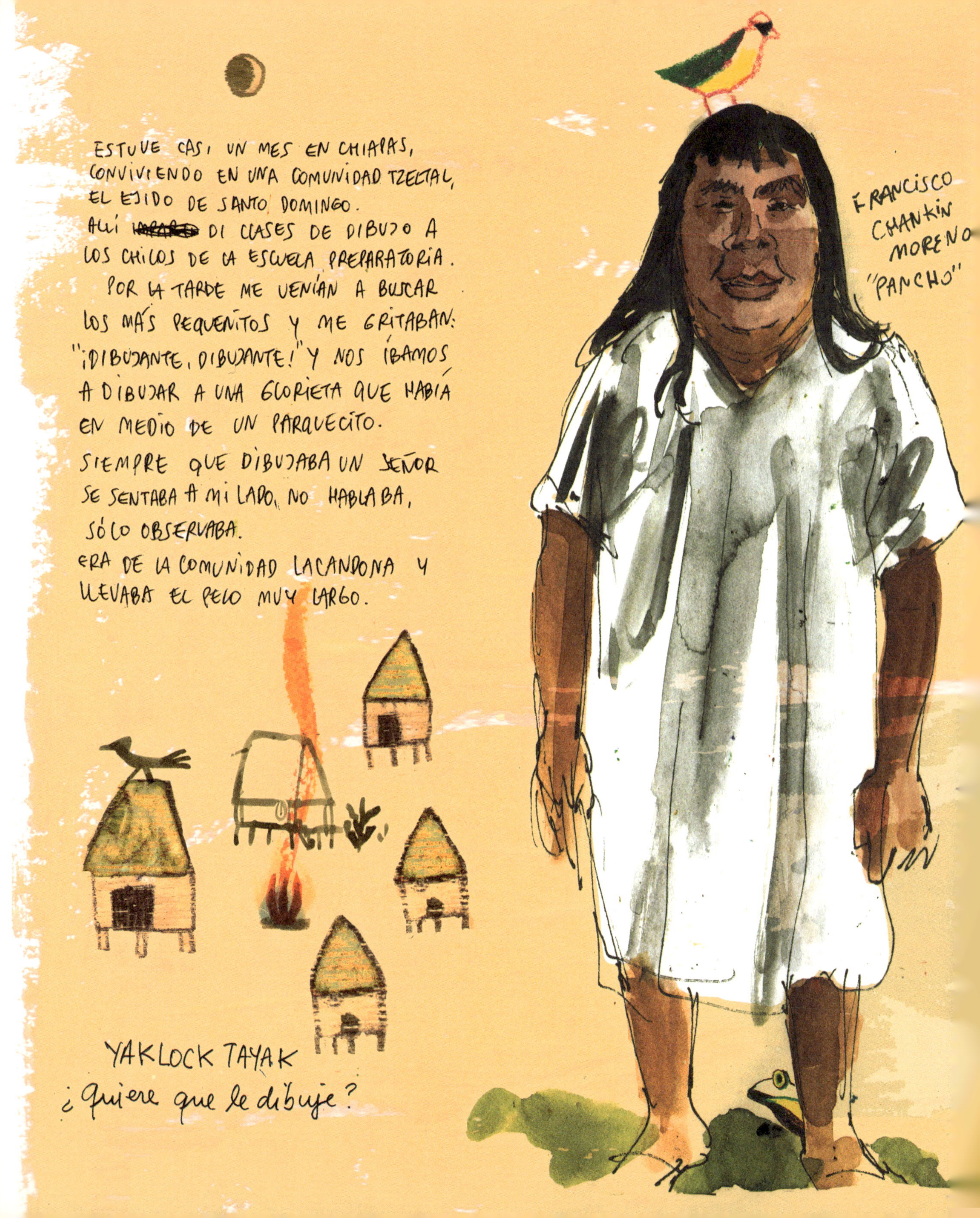
ESTUVE CASI UN MES EN CHIAPAS,
CONVIVIENDO EN UNA COMUNIDAD TZELTAL,
EL EJIDO DE SANTO DOMINGO.
ALLÍ DI CLASES DE DIBUJO A
LOS CHICOS DE LA ESCUELA PREPARATORIA.
POR LA TARDE ME VENÍAN A BUSCAR
LOS MÁS PEQUEÑITOS Y ME GRITABAN:
"¡DIBUJANTE, DIBUJANTE!" Y NOS ÍBAMOS
A DIBUJAR A UNA GLORIETA QUE HABÍA
EN MEDIO DE UN PARQUECITO.
SIEMPRE QUE DIBUJABA UN SEÑOR
SE SENTABA A MI LADO, NO HABLABA,
SÓLO OBSERVABA.
ERA DE LA COMUNIDAD LACANDONA Y
LLEVABA EL PELO MUY LARGO.
YAKLOCK TAYAK
¿Quiere que le dibuje?
FRANCISCO
CHANKIN
MORENO
"PANCHO"

UN DÍA QUEDAMOS EN IR A VISITAR
SU PEQUEÑA COMUNIDAD, COMO A UNA
HORA DE VIAJE.
FUI CON MI AMIGO SAMUEL A
VISITARLOS Y DIBUJARLOS
ME HABÍAN DICHO MUCHAS COSAS
DE LOS LACANDONES. QUE ERAN
HOSTILES Y QUE NO ACEPTAN
A LA GENTE DE FUERA.
CONMIGO FUERON MUY AMABLES
ME CONTARON QUE ELLOS NO LE HACEN
DAÑO A NADIE PORQUE CUALQUIERA
PUEDE SER DIOS.

Lobería
Punta Bermeja

PINTURAS RUPESTRES
"MONTAÑAS ILUSTRADAS"
PACHAMAMA
NATURALEZA

1 UN DÍA EN LA VIDA DE UN FOTÓGRAFO DE LA NATURALEZA SALVAJE

"SÍ, DÍGAME."

EN LOS PIRINEOS 7hs. DE LA MAÑANA

EL INTRÉPIDO FOTÓGRAFO DE LA NATURALEZA SE DISPONE A COMENZAR

UNA ARDUA JORNADA DE TRABAJO.

LLEVA CONSIGO TODO LO NECESARIO PARA SU LABOR.

PRIMERA, INMERSIÓN

12 hs. DEL MEDIODÍA

12:15 hs.

13 hs.

13:15 hs.

14:00 hs

14:15 hs

14:16 hs

DESPUÉS DEL VERMUT

MUY IMPORTANTE PARA LA FOTO EN MOVIMIENTO.

15 hs. SIESTA

16 HS.

16:15 hs.

QUE DURA ES LA VIDA DE UN FOTÓGRAFO

18 hs. A ESTIRAR UN POCO LAS PIERNAS

REBECO

CASA

50 mts.

18:15 hs. HORA DE FOTOGRAFIAR AL "REBECO"

19 hs

20 hs. DE NOCHE

HORA DE VOLVER A CASA

Y ASÍ ACABA UNA AGOTADORA JORNADA DE UN FOTÓGRAFO DE LA NATURALEZA.

VOSOTROS TENÉIS
LOS RELOJES.
NOSOTROS TENEMOS
EL TIEMPO.
BILL
JEFE DE LA
NACIÓN COMANCHE
MUY AGRADECIDOS
A LA NACIÓN ESPAÑOLA
POR HABER LLEVADO EL
CABALLO A AMÉRICA.
Comanche
DEDICADO
PARA GUSTI
EN LENGUA COMANCHE
EL PUEBLO COMANCHE
TIENE UNA GRAN
RELACIÓN CON LAS
ÁGUILAS.

Durante el día tuvimos varios
encuentros con los rebeco. Al mediodía el sol
nos pilló sin sombra. Improvisamos un techito
para dormir una siesta. Yo perdí mis gafas y volvimos
a los sitio en donde habíamos estado. Al final las encontré
en el lugar había plumas, parecían de buitre?
y luego subimos arriba de todo allí hubo un momento
que asomó la cabeza un rebeco y fue el momento del
"hombre y el rebeco" solos sin más. ¿qué hacer?
RECONOCER LA BELLEZA
DE LOS 4 PATAS.

EL DIBUJO ME PERMITE CONVIVIR
CON LA FAMILIA NATURALEZA
EN LA MIRADA DE UN REBECO EN PLENA
NATURALEZA PUEDES SENTIR LA MIRADA DE DIOS
macho viejo
descansando..

EL VERANO DEL 2010 CONOCÍ A UNA FAMILIA DE PASTORES.
NUNCA HABÍA CONOCIDO A NINGÚN PASTOR TRANSHUMANTE.
ELLOS NO HABÍAN CONOCIDO A UN DIBUJANTE QUE LES HICIERA RETRATOS Y QUE SE PARECIERA A ELLOS.
¡Que los quebrantahuesos vengan el año que viene!
GREGORIO EL PASTOR.
TIENE LAS MANOS MÁS GRANDE QUE HE VISTO EN MI VIDA

Silvia
Carmen
LAS PAELLAS QUE HAGA
DE AQUÍ PA ADELANTE, QUE
SALGAN IGUAL QUE HOY
Y CON LA MISMA COMPAÑÍA.
SIERRA DE MOTRIL
CABRAS ENDÉMICAS
DE LA ZONA.
Hoyos del Moreno

PINTADAS
DE
NEGRO
CON 40°C DE CALOR Y LARGAS ESPERAS,
NO HAY NADA MEJOR QUE JUGAR AJEDREZ
CON UN TABLERO DIBUJADO Y UNAS PIÑAS
COMO PIEZAS.

"DIBUJAR CON LA MANO IZQUIERDA
HACE QUE LOS DIBUJOS SALGAN
DEL CORAZÓN."

NICARAGUA

"TIERRA RODEADA DE AGUA"

LO QUE ME GUSTA DE DIBUJAR ES QUE SE DEJA
DE SER EL BLANCO DE LAS MIRADAS PARA CONVERTIRSE
ENTONCES EN OBSERVADOR.
AL DIBUJAR A LA GENTE SE GENERA UNA CURIOSIDAD.
CASI SIEMPRE, AL FINAL, LOS QUE HAN SIDO DIBUJADOS
SE ACERCAN A VER QUÉ HE HECHO, Y SI LES GUSTA, SE RÍEN.

DIBUJANDO
EN EL MERCADO
CENTRAL.
LILIAN
NICARAGUA

ERIK
LA CALLE
CRIS
LA CALLE

EL MERCADO CENTRAL EN MANAGUA ES UN CUMULO DE OLORES Y COLORES MUY DIFICIL DE PLASMAR EN UN DIBUJO.

SANT GELATUS

I HATE NO WAVES
EN NICARAGUA CONOCÍ UNOS JOVENES QUE
HACEN SURF.
ME PARECIÓ UNA FORMA DE VIDA.
MUY INTERESANTE,
VIVIR BUSCANDO OLAS.

"mot mot se hace las plumitas el mismo

KWATUPAMA SAPARA
(PALABRA ZÁPARA)

"EN LA SELVA, HALLARON EL ÁRBOL DE LA CANOA. CADA UNO DE LOS HERMANOS TIRÓ SU LANZA A CADA UNO DE LOS EXTREMOS DEL ÁRBOL. Y CUANDO CAYÓ, LA CANOA ESTABA YA HECHA.
ASÍ FUERON HACIENDO CANOAS SIN MÁS ESFUERZO. PERO TRAS UNA DISCUSIÓN ENTRE LOS DOS HERMANOS, UNO DE ELLOS FALLÓ SU TIRO DE LANZA Y EL ÁRBOL CAYÓ ENTERO.
DESDE ENTONCES, LA CONSTRUCCIÓN DE LAS CANOAS SE DEBE HACER MANUALMENTE."
(HISTORIA DE LA LUNA Y LOS PLANETAS)

Cejiblanca

"NO LES DES AL HAMBRIENTO EL PESCADO, ENSEÑALE A PESCAR"

ECUADOR

HAY QUE PRESERVAR
LA SELVA

LENGUA QUECHUA.
Polinario
MUY BIEN - ALIMAN
MUY MAL - MONALI
IMASHUTICAI - ¿CÓMO SE LLAMA?
IMATAN - ¿QUÉ ES?
APAIAIA - ABUELO
IMAURATAN - ¿QUÉ HORA ES?
TENER - Charina
ÑUCA CHARINI
CAN CHARINGI
PAI CHARIN
ÑUCANCHI CHARINCHI - NOSOTROS
PAIGUNA - CHARINAA
PUKGLIANA (JUGAR)
MANGA (OLLA)
LLACTA (CIUDAD)
MAS NAGUATA CHARINGI
¿CUANTOS AÑOS TENES?)
ÑUCACHARINGI (YO TENGO)
37. KIMSACHUNGA CANCHIS GUATA (AÑOS)
1. SHUK
2. ISKAY
3. IMSA
4. CHUSKO
5. PICHIKA
6. SUCTA
7. CANCHIS
8. PUSAK
9. ISKUN
10. CHUNGA
20. ISHKAYPATZA
30. KIMSACHUNGA
40. CHUSKUCHUNGA
50. PICHKACHUNGA
60. SUCTACHUNGA
70. CANCHIS
100. SHUKPATZA
200. ISKAYPATZA
MES (KILLA)
AÑO (BUATA)
(SARDINA)
JAGUAR (PUMA)
(AÑANGO)
RÍO (IAKO)
11 CHUNGA SHUK
ÑUCA - YO
PAI - ÉL
CAN - USTED
PAIGUNA - (ELLOS/ELLAS)
dibujo de Tiny
Elio y Tiny
LENGUA COFÁN
DEL ORIENTE ECUATORIAN
tusee
tusina
tzufe
tzufat
aiafa
tzifo
gunmchu
toja
tibe
tenamgudu
tzutadu
tzute
EN LA SELVA HAY ÁRBOLES GIGANTES.
PARA ABRAZARLOS TIENEN QUE UNIRSE MUCHAS PERSONAS DANDOSE LAS MANOS.
BAJO UN GRAN ÁRBOL LAS FAMILIAS SE JUNTAN A RESOLVER SUS PROBLEMAS.
TAMBIÉN A CONTAR SUS HISTORIAS Y SUS SUEÑOS.

DURANTE 15 DÍAS ESTUVIMOS OBSERVANDO AL POLLO DE ÁGUILA HARPÍA DESDE UNA TORRE DE OBSERVACIÓN.

SON LAS 13HS Y NO PASA NADA.
VOLÓ DE UNA RAMA A OTRA.
HAY MUCHOS TÁBANOS Y AVISPAS.
ME QUEDA POCA BATERÍA EN LA CÁMARA DE FOTOS.
TODAVÍA SIGO CON DIARREA.

ECUADOR
ES EL PAÍS DEL FUTURO PORQUE "TODO ES PARA MAÑANA".

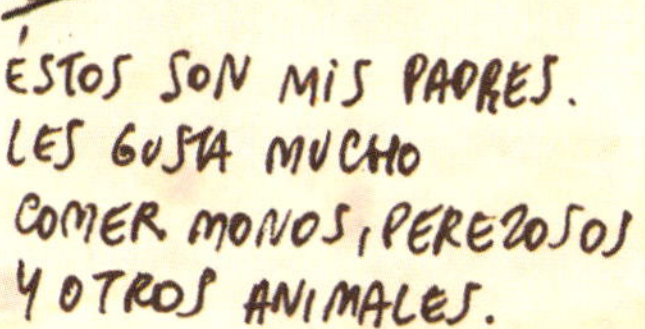

ÉSTOS SON MIS PADRES.
LES GUSTA MUCHO COMER MONOS, PEREZOSOS Y OTROS ANIMALES.

Y TENDRÉ UNAS GARRAS MUY PODEROSAS.

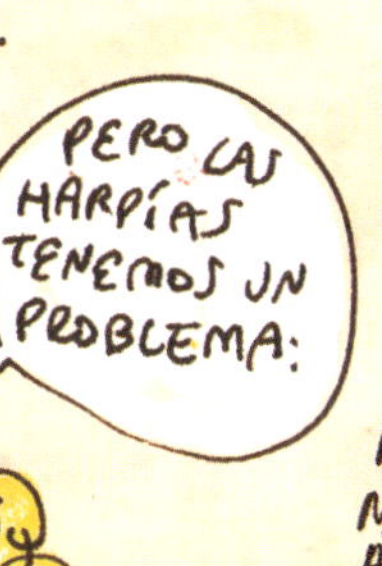

ANIDAMOS EN ÁRBOLES MUY ALTOS, PERO CADA VEZ QUEDAN MENOS.

TAMBIÉN LOS MONOS DE LOS QUE NOS ALIMENTAMOS NECESITAN ESTOS ÁRBOLES.

CADA VEZ VIENEN MÁS PERSONAS DE FUERA, CON SUS COSTUMBRES Y SUS VACAS.

LAS COMPAÑÍAS PETROLERAS ESTÁN CONTAMINANDO NUESTRO HÁBITAT.

DONDE ANTES HABÍA SELVAS, AHORA SÓLO HAY TUBERÍAS Y NINGÚN ÁRBOL.

¿QUIERES QUE EN LA SELVA SIGA HABIENDO ÁGUILAS HARPÍAS?
AYÚDANOS A DIFUNDIR ESTA IDEA:
HAY QUE PRESERVAR LA SELVA.

GUSTI, PONTE CÓMODO QUE YO ESTARÉ DE VUELTA EL DÍA 7.
PAÚL TE EXPLICARÁ DÓNDE PUEDES COMPRAR COSITAS Y COCINAR, Y CÓMO ENCENDER EL GAS DE LA COCINA.

CUANDO LLEGUÉ A QUITO ME ENCONTRÉ ESTE MENSAJE EN LA MESA DE LA COCINA.

EN TODOS LOS LUGARES DONDE HAY OPERACIONES PETROLERAS SE EVIDENCIA DESTRUCCIÓN, ANIMAL Y VIOLACIÓN DE LOS DERECHOS HUMANOS.
LAS MULTINACIONALES SÓLO BUSCAN SU BENEFICIO ECONÓMICO Y OLVIDAN SUS RESPONSABILIDADES CON EL MEDIO AMBIENTE.
EL DESARROLLO SOSTENIBLE.
USO RACIONAL DE LOS RECURSOS NATURALES.
PRESERVACIÓN DE LA BIODIVERSIDAD.
REDUCIR LA CONTAMINACIÓN.
ELIMINAR LA POBREZA.
EL DESARROLLO
SALUD.
EDUCACIÓN.
PÉRDIDA DE ANIMALES DOMÉSTICOS.
AGUAS CONTAMINADAS.
IMPACTO SOCIAL..

IMPACTO

- DETONAN EXPLOSIVOS SUBTERRÁNEOS PARA LOCALIZAR EL PETRÓLEO.
- CONSTRUYEN HELIPUERTOS.
- EL AGUA SE CONTAMINA CON DESECHOS QUÍMICOS.
- DEFORESTACIÓN_RUIDOS.

- FILTRAN TÓXICOS POR EL SUELO
- LA CADENA ALIMENTICIA. SE ACUMULAN HIDROCARBUROS BIOLÓGICAMENTE QUE PERJUDICAN A LOS ANIMALES Y AL SER HUMANO.
- QUEMA DE GASES EN EL AIRE. SE PRODUCEN GRANDES LLAMARADAS QUE ATRAEN INSECTOS GIGANTES QUE MUEREN, PERJUDICANDO A LOS ANIMALES QUE SE ALIMENTAN DE ELLOS.

"TODOS SOMOS RESPONSABLES."

"CHAUPI-PUNLLAPI"
TUTAYARCA
"ANOCHECIÓ EN LA MITAD DEL DÍA."
EL 30% DEL AGUA DULCE DEL PLANETA PROVIENE DE LA AMAZONÍA.
EL 23% DE LAS ENFERMEDADES ESTÁ ASOCIADO A FACTORES MEDIO AMBIENTALES.
LOS ANIMALES SILVESTRES SON ESPECIALMENTE SENSIBLES AL RUIDO, LA CONTAMINACIÓN Y LA DEFORESTACIÓN.
FALTA DE RESPETO A LAS CULTURAS LOCALES. ATENTANDO CONTRA SUS COSTUMBRES, TRADICIONES Y RITOS SAGRADOS.
EN ECUADOR SE CONSTRUYÓ UN OLEODUCTO DE CRUDOS PESADOS DE 500 km. ATRAVIESA TODA LA AMAZONÍA CAUSANDO DAÑOS IRREPARABLES AL ECOSISTEMA.

CANCIÓN ACHUAR DE PINDOYACU

YAHA NUNGANNA CUEINA KEÁL
TE KESTENDASTE ÑUITIA HAE

WUARUKA ANNEN GORMINTIÁ
TE KESTENDASTE ÑUITIA HAE

WUARUTA CARTACOP TERCOMIESHAL
TE KESTENDASTE ÑUITIA HAE

VOY A TIERRAS LEJANAS
Y NO VOY A REGRESAR

AUNQUE ME LLAMES
NO VOY A REGRESAR

AUNQUE ME ESCRIBAS
NO VOY A REGRESAR

EL ACHUAR ES UNA LENGUA JÍBARA HABLADA EN LAS ZONAS DE LOS RÍOS PASTAZA Y BOBONAZA DE ECUADOR. Y ZONAS DEL PERÚ.

ÉSTE: KAI KAI
ÉSTOS: KAIGUNA
AQUEL: PAI
AQUELLOS: PAIGUNA
IR: ZINA
IRÉ: ZINGARAUNI
ALLÍ: CHIBÍ
AQUÍ: CEIBÍ
DE AQUÍ A ALLÁ: KAI MAUDA AHAÍNA
¡VENGA!: SHAMUI
VENGA A COMER: SHAMUI VIKUNGAWA
VAMOS (A SÓLO UNA PERSONA): AKU
VAMOS (A MÁS DE UNA PERSONA): AKUICHI
SÍ QUIERO TOMAR:
ÑUCA NUMANI APINATA

AL PEREZOSO EN COFÁN LO LLAMAN "SANDY"

PARA EL DOLOR DEL PARTO
LAS MUJERES SE TOMAN UNA RAÍZ
PAREN DE RODILLAS
SÓLO LAS MUJERES PARTICIPAN.

ETNIAS INDÍGENAS DEL ORIENTE ECUATORIANO
EN LA COSTA LOS CHACHIS Y LOS AWA
EN LA SIERRA LOS QUICHWA Y COLORADOS

DE NORTE A SUR

SIONA	QUICHWA	SHIWIAR
SECOYA	HUAORANI	ACHUAR
COFÁN	ZÁPARA	SHUAR

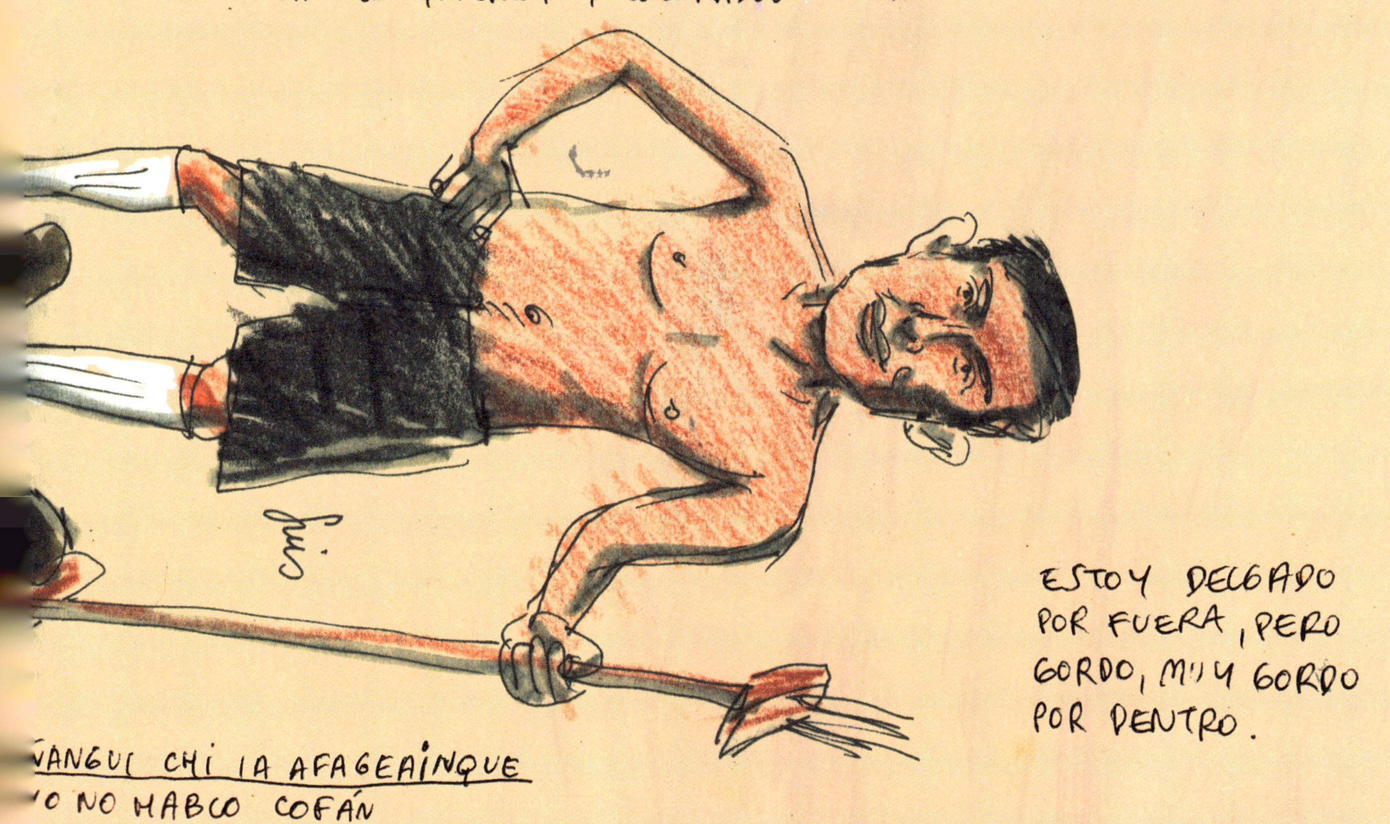

ESTOY DELGADO POR FUERA, PERO GORDO, MUY GORDO POR DENTRO.
ÑANGUI CHI IA AFAGEAINQUE
YO NO HABLO COFÁN

NO TODOS LOS OGROS SON FEOS
NI TODAS LAS PRINCESAS SON
LINDAS.
EN LA LECTURA DE LA VIDA
HAY INFINITAS LENGUAS.
HAY FAMILIAS PARADAS,
SENTADAS,
CON RUEDAS.

EL DIBUJO ES UNA ESCUELA INCLUSIVA

EL ARTE, SOBRE TODO A LAS PERSONAS
CON DISCAPACIDAD, LES PERMITE
PODER, DECIDIR / ELEGIR.

AL LADO DE LAS LIMITACIONES HAY TALENTO.

LOS LIBROS SIRVEN PARA ACARICIAR.

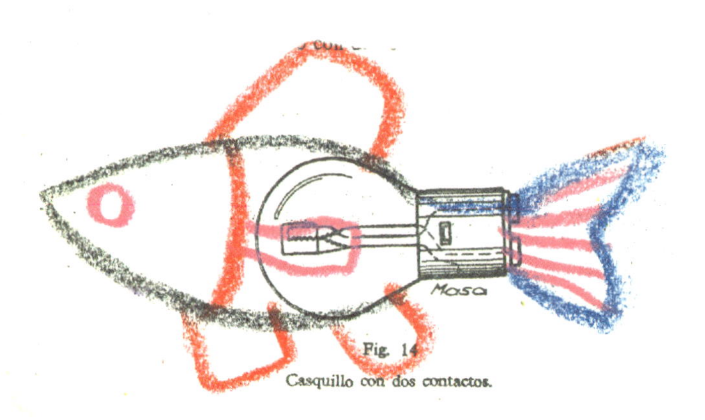

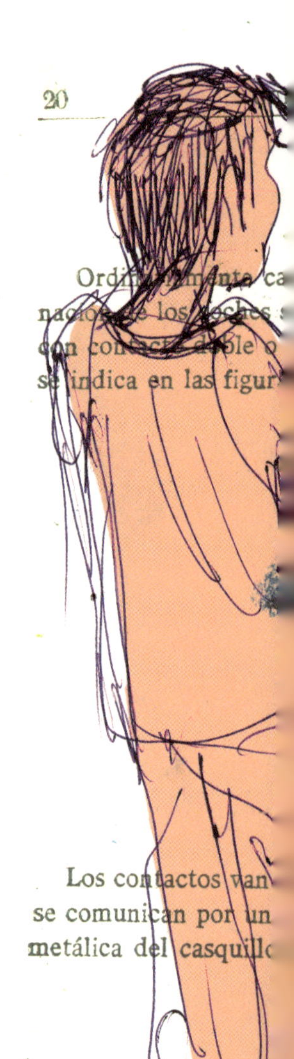

LAS PERSONAS CORRIENTES
INSISTEN EN QUE SON ÚNICAS
Y QUE LES GUSTARÍA
SER DIGNAS DE MENCIÓN.

as lámparas empleadas en el sistema de ilumi-
[illegible] quipadas con pequeños casquillos de bayoneta
con un contacto central único de la forma que

Fig. 13
n contacto central único.

[illegible] almente del resto, y el filamento o filamentos
n dichos contactos, y por el otro con la parte

suponemos que la corriente llega a la lámpara [illegible] contacto central
[illegible] rá por el filamento y saldrá por el cuerpo [illegible] par
[illegible] yendo hasta llegar al chasis o bastidor del coche.

Este sistema de distribución de la corriente con retorno [illegible] chasis es muy
sencillo y práctico, pero, sin embargo, requiere [illegible] conexiones estén muy
bien hechas y muy limpias, porque si llegara a formarse una [illegible] óxido,
por pequeña que fuese, originaría una gran resistencia [illegible] ondría al
paso de la corriente. Esto sería más que suficiente para que la lámpara ate-
nuase mucho su efecto luminoso o para que no luciese.

En las tablas I, II y III que insertamos a continuación, resumimos las
especificaciones correspondientes a la *duración* de las lámparas (Tabla I), *in-
tensidad* luminosa de las lámparas [illegible] (Tabla II) y características
de las lámparas auxiliares (Tabla III).

TABLA I. DURACION DE LAS LAMPARAS DE LOS FAROS

Tensión en voltios	Número de bujías producidas	Vida de las lámparas en horas
	26	400
		400
	50	100

LAS PERSONAS EXTRAORDINARIAS
MANTIENEN QUE EN REALIDAD
SON EXACTAMENTE IGUALES QUE
LOS DEMÁS.
SOLO ANHELAN EL LUJO DE
SENTIRSE ACEPTADAS.

NO QUIERO VER Y NO SOY CIEGO.
NO QUIERO OÍR Y NO SOY SORDO.
NO QUIERO HABLAR Y NO SOY MUDO.

NO QUIERO CAMINAR Y TENGO PIERNAS.
NO QUIERO ABRAZAR Y TENGO BRAZOS.

NO QUIERO AMAR Y TENGO CORAZÓN.
NO QUIERO Y SOY CAPAZ.

SOY DIFERENTE
ÚNICO.
COLOR + INCLUSIÓN
LOS COLORES AVECES SE SIENTEN SOLOS.
POR ESO A VECES SE JUNTAN.
SI HAY COLORES, HAY AMIGOS.
SI HAY ACUARELAS, HAY TÍOS.
SI HAY CERAS, HAY PRIMOS.

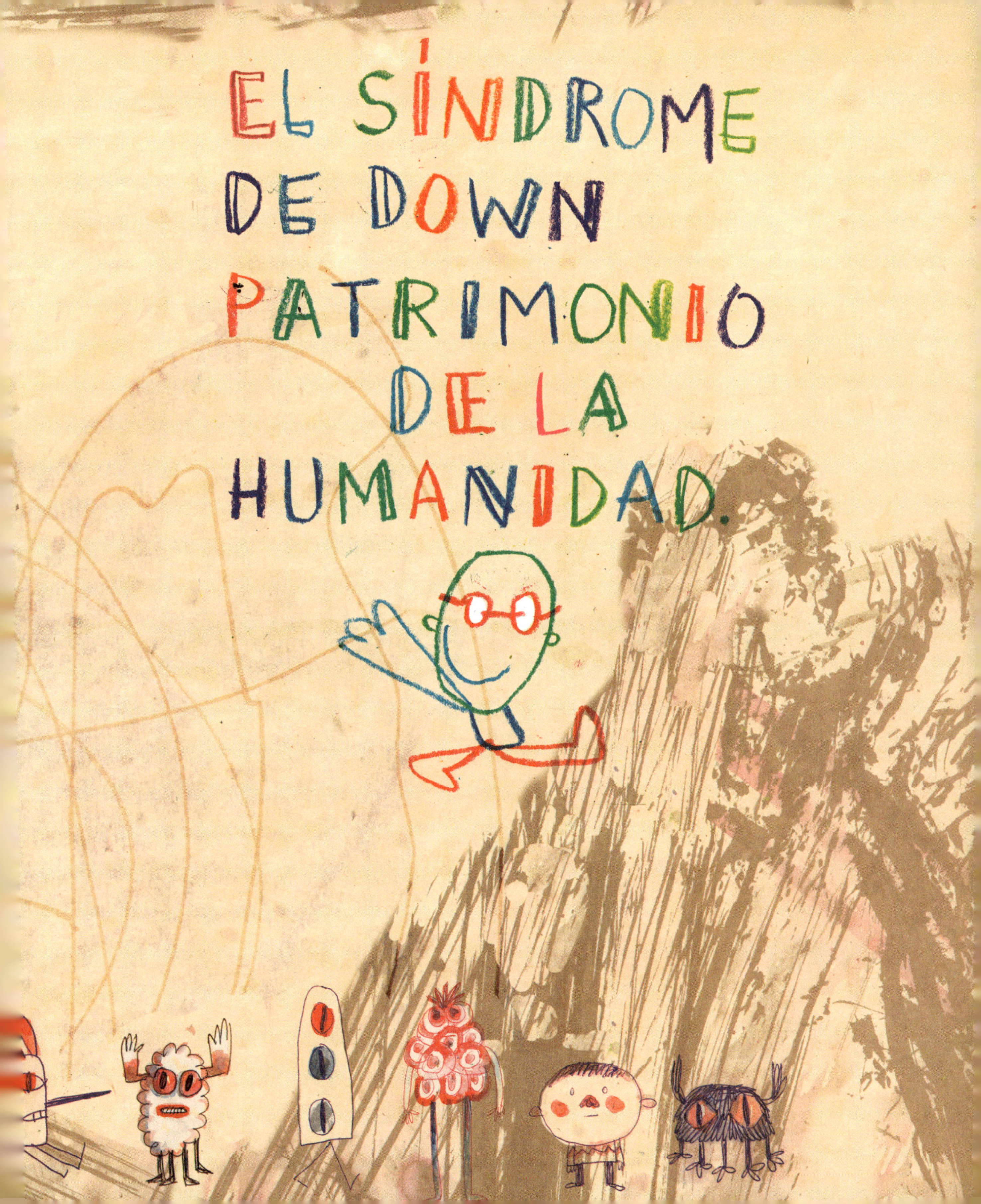
EL SÍNDROME DE DOWN PATRIMONIO DE LA HUMANIDAD.

PARA LA MAYORIA DE LAS PERSONAS UNA
DISCAPACIDAD ES ALGO QUE FALTA.
ALGO QUE VA MUY DESPACIO
O NO VA A LA VELOCIDAD
QUE DEBERIA IR.

ENTONCES MI
CONCLUSIÓN ES
QUE TODOS
SOMOS PERSONAS
DISCAPACITADAS.

¿QUÉ ES, EL SÍNDROME DE DOWN?

NO SÉ LO QUE ES. (NO SÉ POR DÓNDE EMPEZAR).

YO ESTOY BIEN AQUÍ EN EL TRABAJO.

ESTA PALABRA NO ME GUSTA.

¿TÚ TE SIENTES DIFERENTE DE OTRAS PERSONAS QUE NO SON SÍNDROME DE DOWN?

Y DALE OTRA VEZ CON ESA PALABRA.

ESTÁS UN POCO PALIZA CON ESA PALABRA.

¿Y QUÉ PALABRA PONDRÍAS EN VEZ DE ÉSA?

VITO. (MI FAMILIA ME LLAMA VITO)

AH, POR EL ACTOR DANI DE VITO.

¡VITO CORLEONE! "IL PADRINO".

FIRMADO DE PARTE DE DAVID, TU MEJOR AMIGO PARA SIEMPRE

SI QUIERES A PARTIR DE AHORA A ESAS PERSONA CON ESA PALABRA QUE TÚ NO QUIERES DECIR LAS LLAMAMOS "VITOS". ¿TE PARECE BIEN, DA

SÍ.

¿CÓMO VES A LOS OTROS VITOS, ¿ES FÁCI ACERCARTE A ELLOS.?

NO.

ME SIENTO DIFERENTE.

"VACAFANTE" ME GUSTAN LOS CACAHUETES Y LAS LECHUGAS.

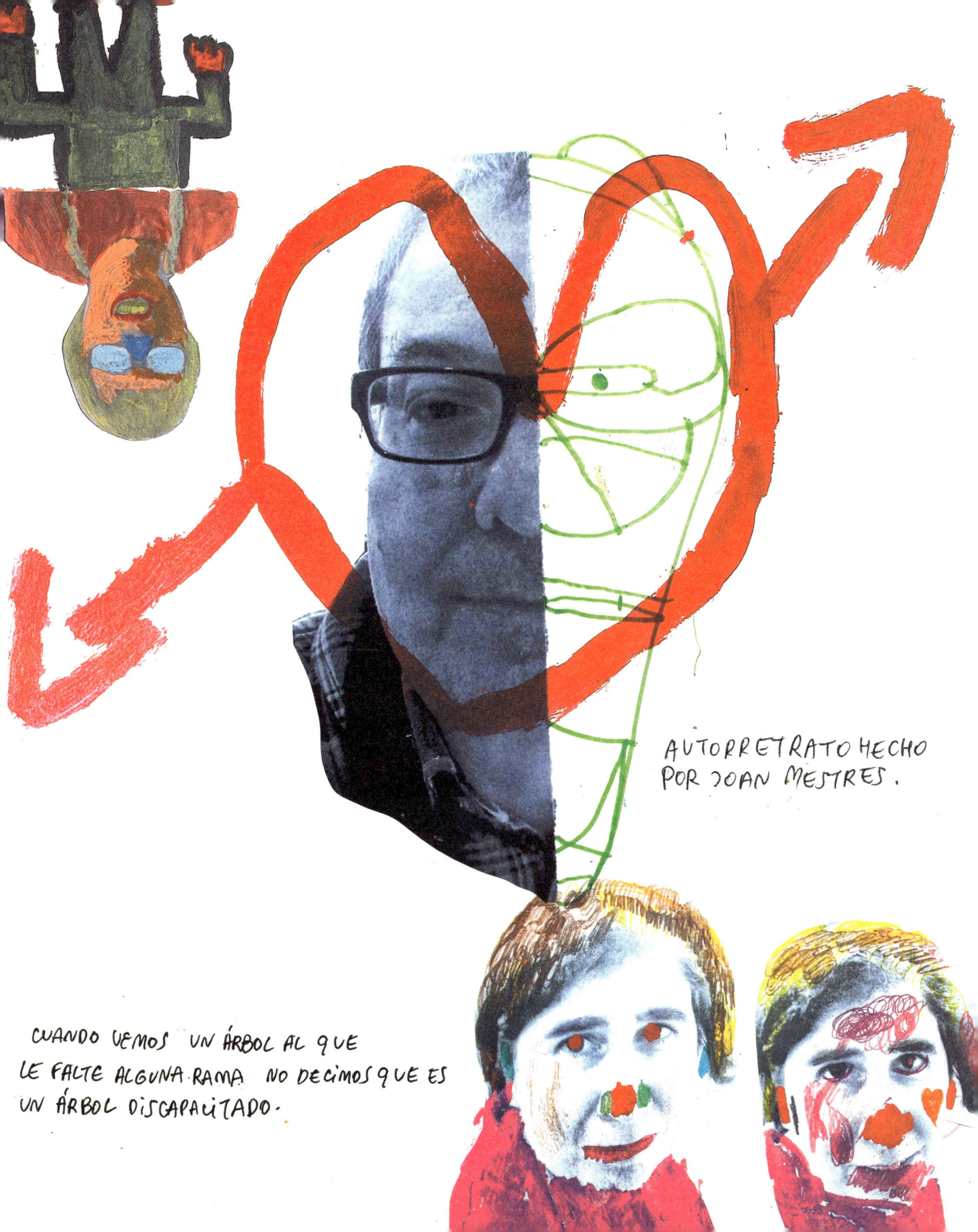
AUTORRETRATO HECHO
POR JOAN MESTRES.
CUANDO VEMOS UN ÁRBOL AL QUE
LE FALTE ALGUNA RAMA NO DECIMOS QUE ES
UN ÁRBOL DISCAPACITADO.

PARA ADELANTE ES SIEMPRE
PARA ADELANTE.

¿Qué significa para ti ser síndrome de Down?

Yo acepto ser síndrome de Down y no pasa nada.

Es una persona normal, no le pasará nada, vive como cualquier otra persona normal.

La vida continúa.

¿Cómo ves a las personas que no tienen síndrome de Down?

No les pasa nada...

Yo soy síndrome de Down.

¿Qué concepto tienes tú de las personas que no son síndrome de Down?

Pues no sé.

¿Qué diferencia hay entre una persona que tiene síndrome de Down y otra que no?

Yo soy síndrome de Down y yo lo acepto, somos autónomos, yo soy síndrome de Down e iba sola al taller en México. Salía de mi casa en México y caminaba por la calle Insurgentes y llegaba a la estación del metro, cogía el metro y me bajaba en la estación Velódromo y de ahí al taller.

CORAZÓN DE NIÑO

RECONOZCO QUE LE TENGO MUCHO RESPETO
A LA GOMA DE BORRAR, PORQUE TIENE EL
PODER DE QUITAR ALGO PARA SIEMPRE.

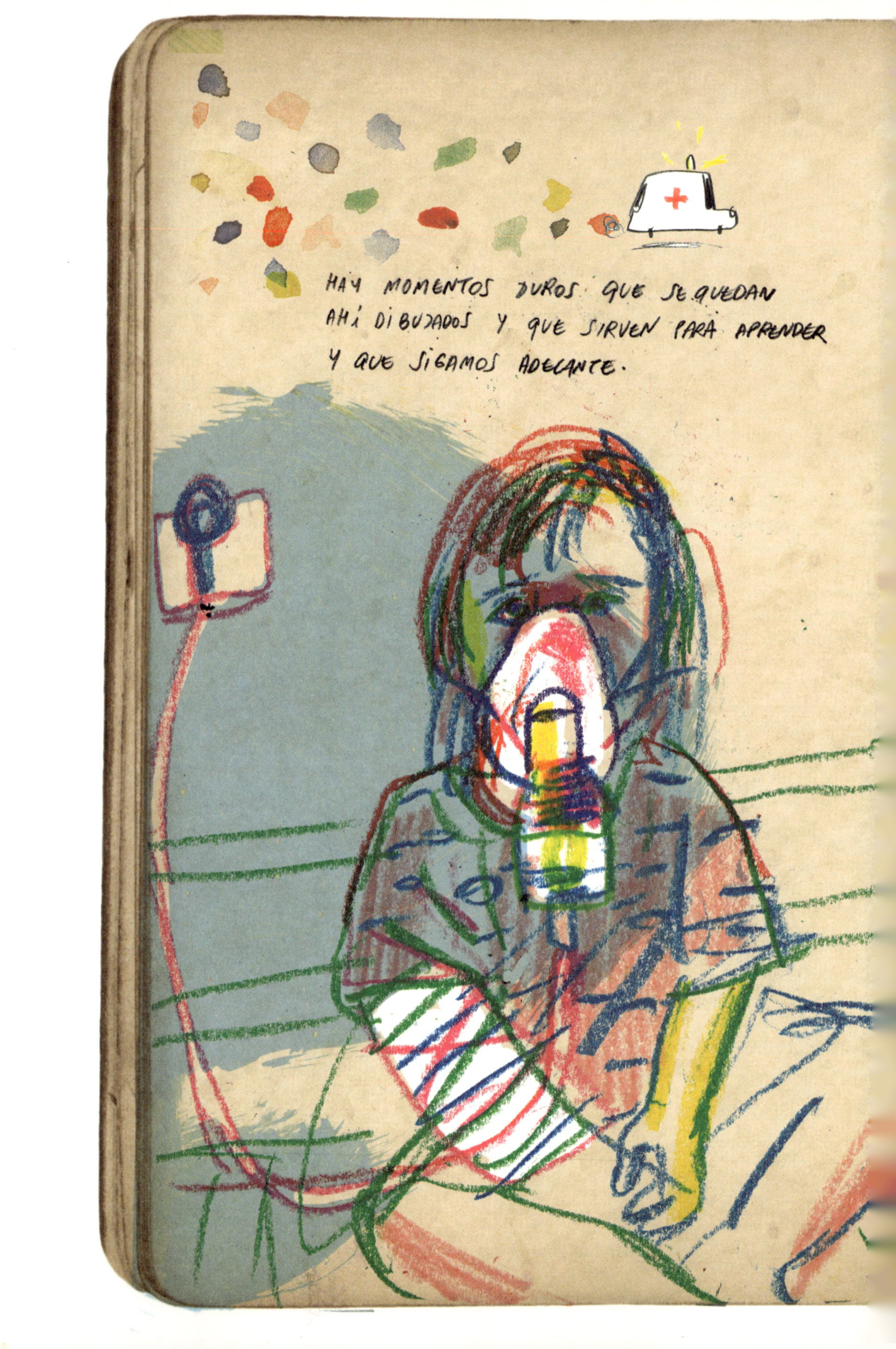
HAY MOMENTOS DUROS QUE SE QUEDAN
AHÍ DIBUJADOS Y QUE SIRVEN PARA APRENDER
Y QUE SIGAMOS ADELANTE.

SILENCIO HOSPITAL

"EL SER HUMANO ES COMO UNA MONTAÑA PORQUE TIENE LA VOLUNTAD DE LEVANTARSE DE LA TIERRA."

"LOCURA"
ES QUE ÉL ESTÁ CURADO.
LO- CURA

EL CABALLERO MALLKO CONTRA EL MONSTRUO BRONQUITIS

EL TEMIBLE MONSTRUO BRONQUITIS LE HA TENDIDO UNA TRAMPA A NUESTRO SÚPER CABALLERO, Y SE LO HA LLEVADO AL CASTILLO...

LO TUVO TODA LA NOCHE TORTURÁNDOLO CON AIRE.

Y LE PONÍAN UNA LUCESITA EN EL DEDO DEL PIE PARA QUE NO DUERMA.
PI
PI PI

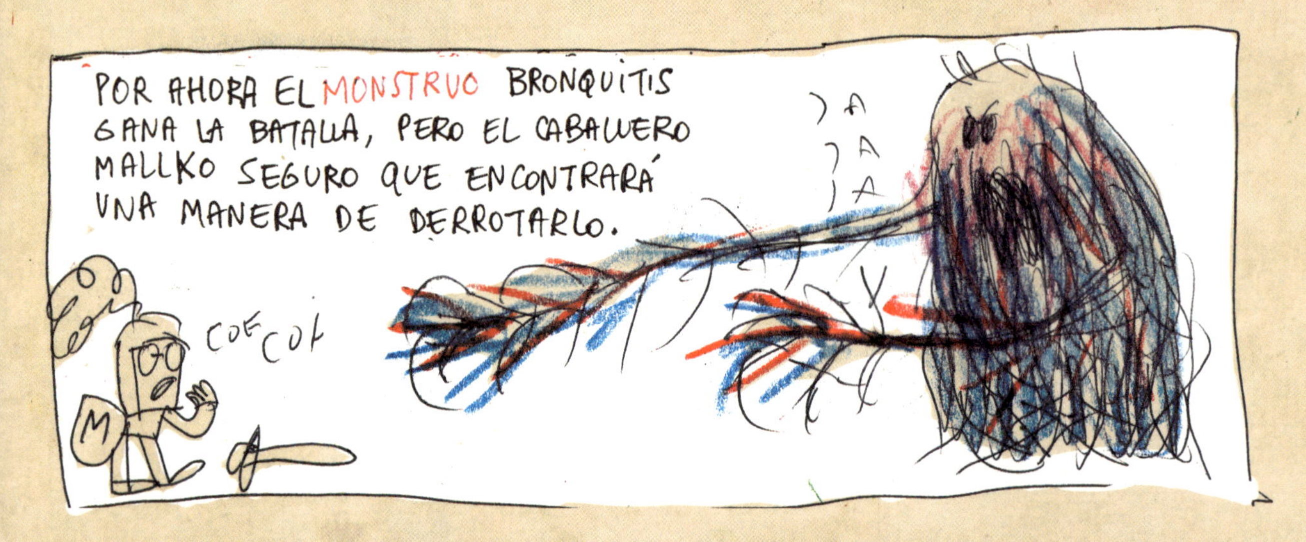

POR AHORA EL MONSTRUO BRONQUITIS GANA LA BATALLA, PERO EL CABALLERO MALLKO SEGURO QUE ENCONTRARÁ UNA MANERA DE DERROTARLO.
COF COF
M

AL HOSPITAL HEMOS INGRESADO VARIAS VECES, ESTA VEZ TUVIMOS QUE LUCHAR CONTRA UN TEMIBLE MONSTRUO BRONQUITIS.

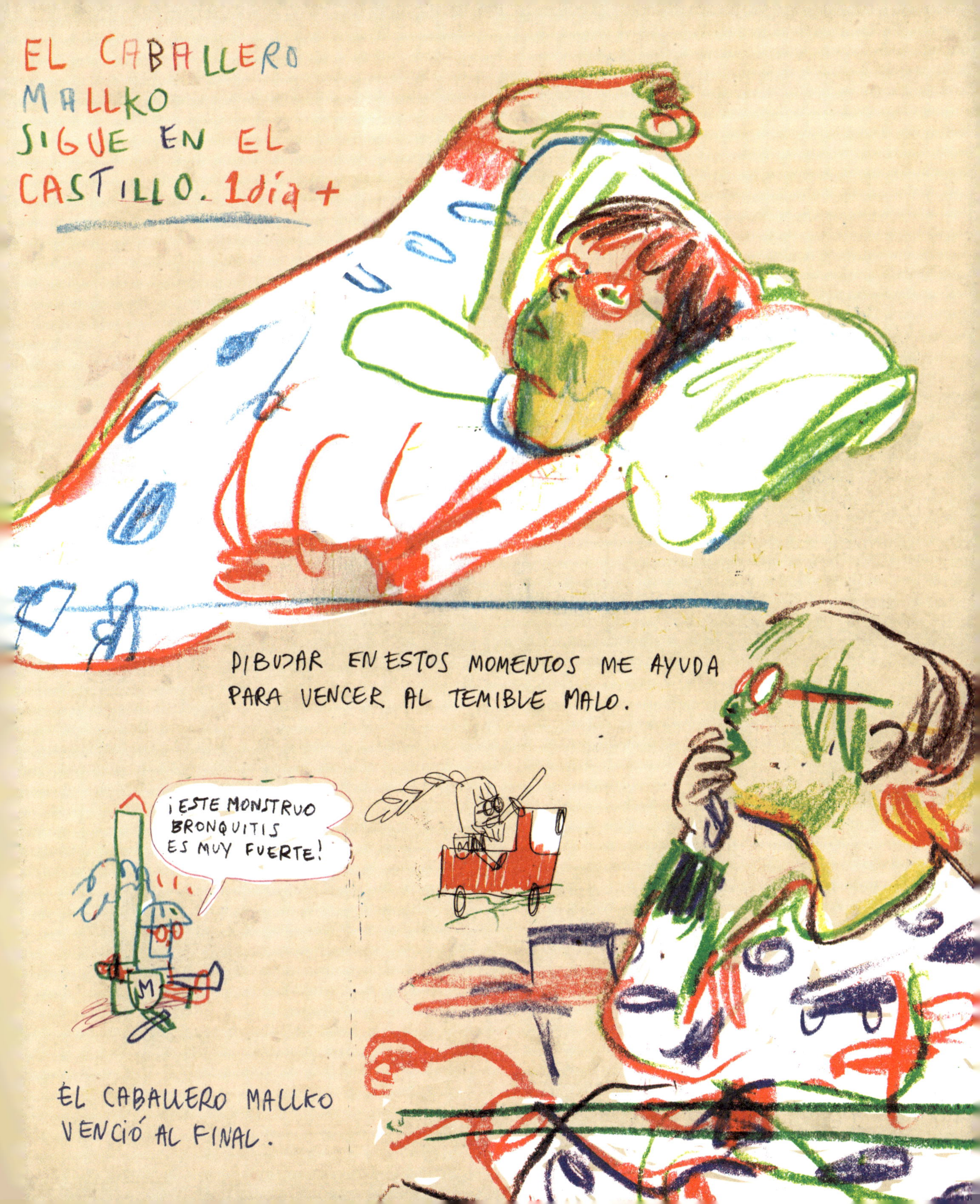
EL CABALLERO MALLKO SIGUE EN EL CASTILLO. 1día +
DIBUJAR EN ESTOS MOMENTOS ME AYUDA PARA VENCER AL TEMIBLE MALO.
¡ESTE MONSTRUO BRONQUITIS ES MUY FUERTE!
M
ÉL CABALLERO MALLKO VENCIÓ AL FINAL.

LOS DIBUJOS CURAN
Y SIRVEN PARA LUCHAR CONTRA
TERRIBLES BESTIAS MONSTRUOSAS.

EL CABALLERO MALLKO CONTRA EL DRAGÓN NEUMONÍA

UNA ENFERMERA NO MUY SIMPÁTICA PUEDE ACABAR EN LAS PÁGINAS COMO UNA TERRIBLE BRUJA.

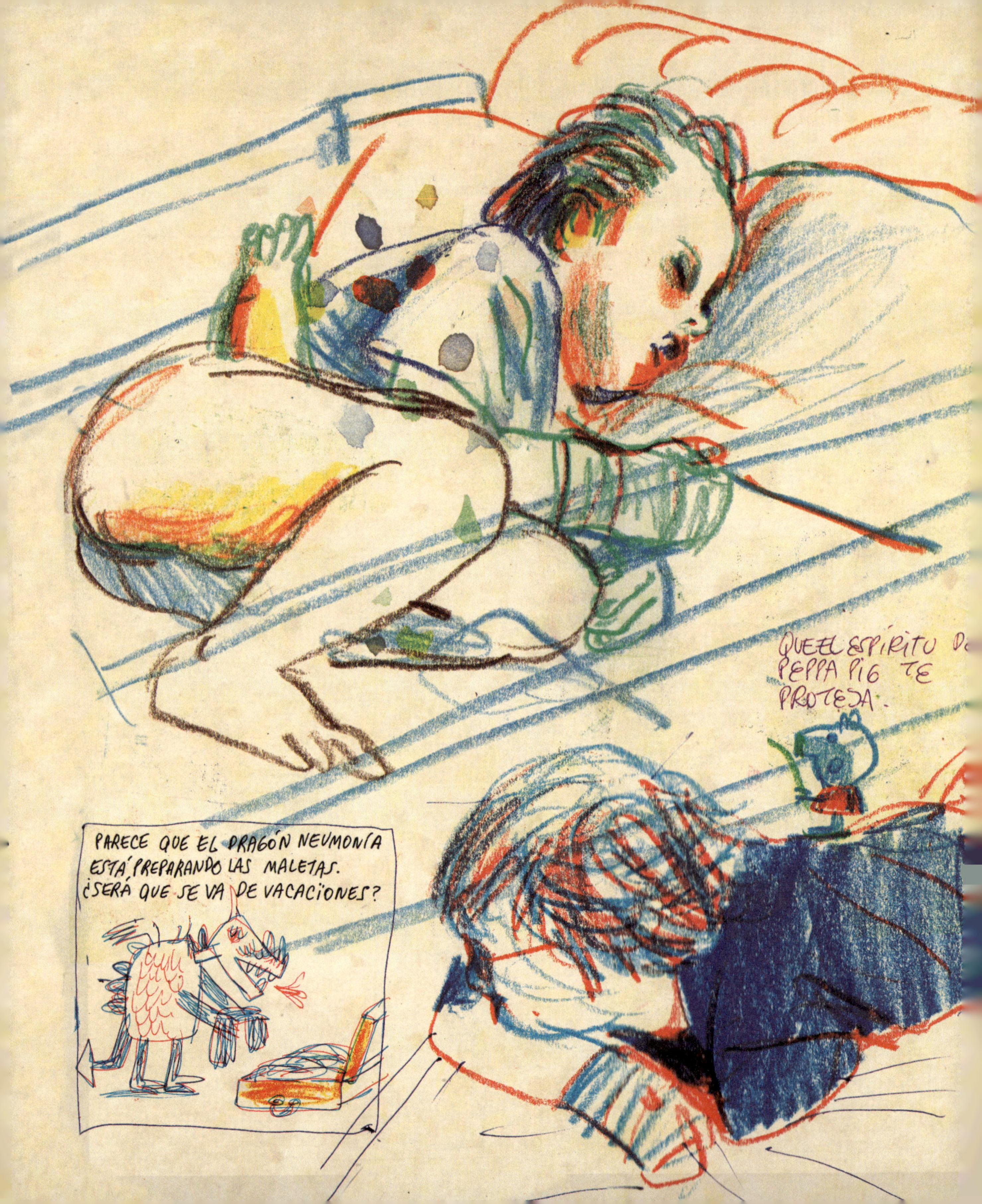
QUE EL ESPÍRITU DE PEPPA PIG TE PROTEJA.
PARECE QUE EL DRAGÓN NEUMONÍA ESTÁ PREPARANDO LAS MALETAS. ¿SERÁ QUE SE VA DE VACACIONES?

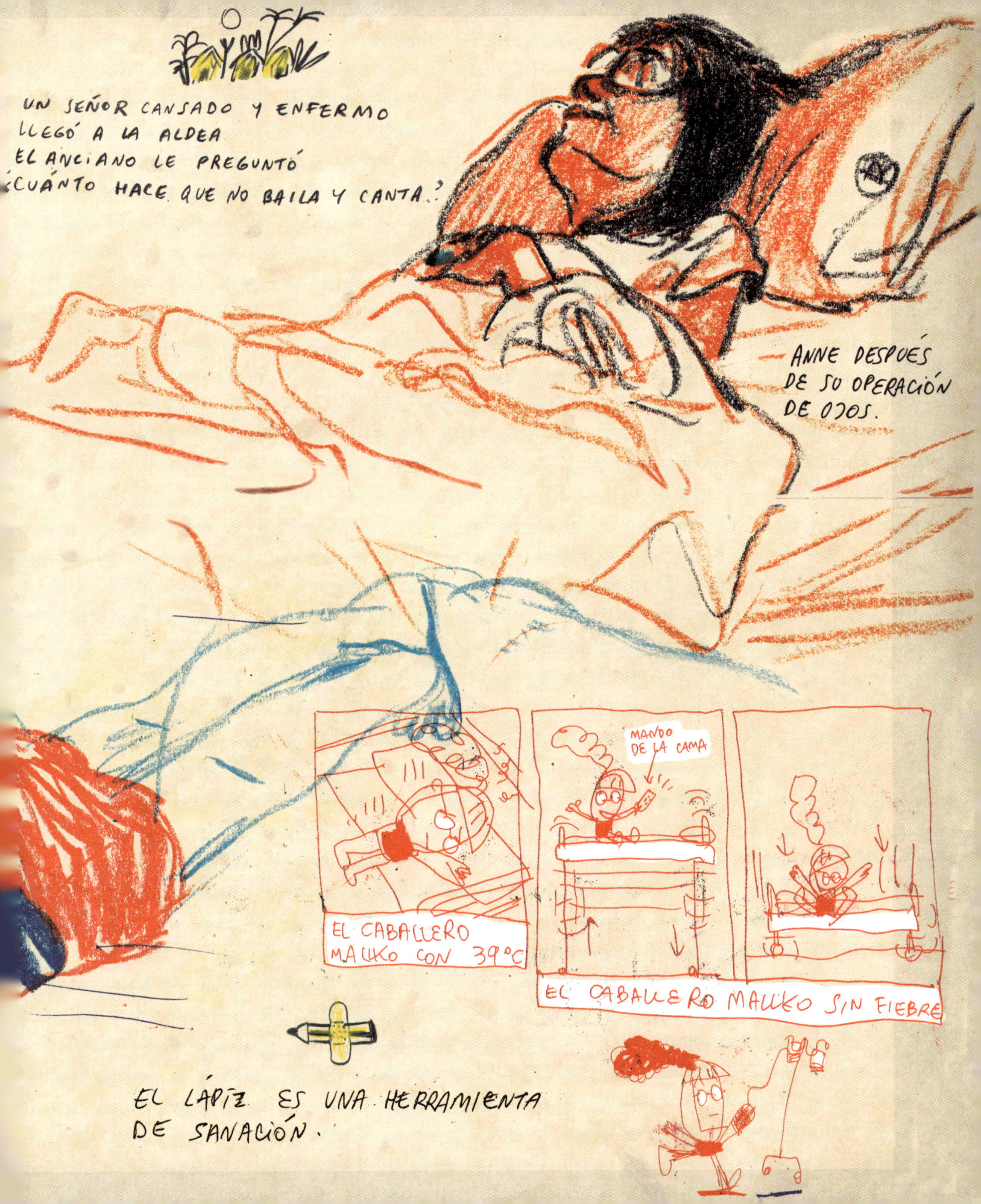
UN SEÑOR CANSADO Y ENFERMO
LLEGÓ A LA ALDEA
EL ANCIANO LE PREGUNTÓ
¿CUÁNTO HACE QUE NO BAILA Y CANTA?
ANNE DESPUÉS DE SU OPERACIÓN DE OJOS.
EL CABALLERO MALLKO CON 39°C
MANDO DE LA CAMA
EL CABALLERO MALLKO SIN FIEBRE
EL LÁPIZ ES UNA HERRAMIENTA DE SANACIÓN.

"CUANDO OBSERVO LA NATURALEZA
NO VEO PLUMAS, SÓLO CUENTO ALAS".
VEO FORMAS APASIONANTES,
COMBINACIONES DE COLORES, PATRONES,
TEXTURAS, COMPORTAMIENTOS FASCINANTES
E INFINITAS POSIBILIDADES
DE COMPONER DIBUJOS".

CHARLIE HARPER

SEA COMPASIVO
CON LOS ANIMALES.

ANIMALES

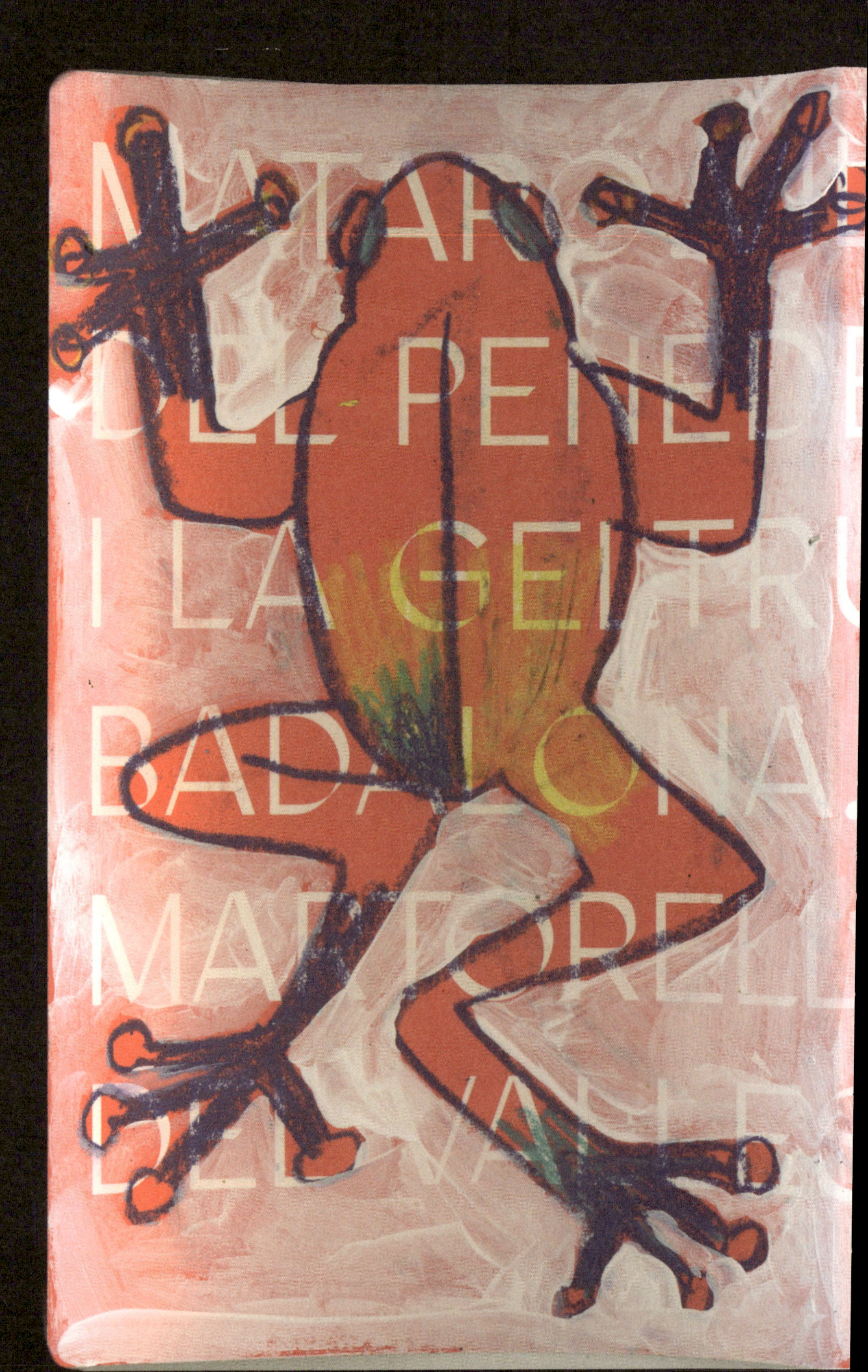

ELOGI

MALENTÈS

Exposició itinerant
2019 – 2022

…za, …/Carceller, …derch, Kaisa Dahlberg,
… Dora García, … Gómez, Núria Güell,
… Leykauf, … Mireia Sallarès,
… Suter i Pilvi Takala

…cura de … Hurtado Matheu

www.diba.cat/oda/elogidelmalentes
#…Malentès

SI VOY A DIBUJAR AL ZOO,
CUANDO LLEGO A LA JAULA
DEL ANIMAL, ANTES DE
DIBUJARLO LE PIDO PERMISO
Y ASÍ ÉL ME MUESTRA
SU MEJOR LADO
Y NO SE ESCONDE.
APUNTES DE ANIMALES
EN EL ZOO.

ESTOS ANIMALES REPRESENTAN AL ESPÍRITU DEL BÚFALO Y DEL LEÓN.

LOBOS MARINOS
MANCHAS CON
EL PINCEL EN
LA HOJA Y SALEN
LOBOS MARINOS,
FOCAS.
PINGÜINOS

LAS ACUARELAS NECESITAN
DEL AGUA, COMO LOS SERES
HUMANOS.

UN PÁJARO NECESITA DE TODAS LAS PLUMAS PARA VOLAR.

CONSERVACIÓN

EL RETORNO DEL CÓNDOR AL MAR

"PONCHO NEGRO, CÓNDOR MENSAJERO
DEL VIENTO. TESTIGO DE LA LUZ
DE ANTIGUOS PUEBLOS QUE SE RECUERDAN.
SI TÚ ERES LIBRE, YO SERÉ LIBRE.
SUPREMA LEALTAD, CULTURA ANCESTRAL
DE ANTIGUOS PUEBLOS QUE SE RECUERDAN."

Sumaj
(más hermosa)
y Mailen

VOCABULARIO MAPUCHE

ALÍ-CURA: ALÍ = MUY SECO, CALIENTE
CURA = PIEDRAS

AMANDAY: FLOR REGIONAL

CHALIHUA-CO: CHALIHUA = PEZ
CO = AGUA

CHENQUE: TUMBA INDÍGENA

CHIBUT: JOROBADO

COIHUE: ÁRBOL REGIONAL

COLLON CURA: COLLÓN = MÁSCARA
CURA = PIEDRAS

COPAHUE: LUGAR PARA RECOGER AGUA

CULLIN: DINERO, BIENES

CUMELE: ESTAR EN PAZ, SER BUENOS

CUNEN RULA: CASA BUENA

CUYEN: LUNA

LA CAR: CIUDAD MUERTA

LAFQUEN, LANQUEN: MAR, LAGO, LAGUNA

LEUFÚ: RÍO, AGUA QUE CORRE

LIMAY: CRISTALINO

LLAO LLAO: FRUTO PARÁSITO DEL COLIHUE

MAPUCHE: GENTE DE LA TIERRA

MECIPAL: CRUZ DEL SUR, 4 ESTRELLAS

NAHUEL HUAPI: TIGRE-ISLA

NAHUEL RUCA: TIGRE-RUCA

NEUQUÉN: UNIÓN DE PAÍSES - LUCHA CUERPO A CUERPO

PICHI TRAFUL: PEQUEÑA CONFLUENCIA

PIREN: NEVAR

QUETRIHUE: LUGAR DE ARRAYANES

QUIME QUIPAN: BIENVENIDO
BUEN REGRESO

RAYEN QUINTRAL: FLOR DE FUEGO

TRAFUL: UNIÓN DE VARIOS ARROYOS

TUNQUELÉN: LUGAR DE REPOSO

VURILOCHE: GENTE DETRÁS DE LA MONTAÑA

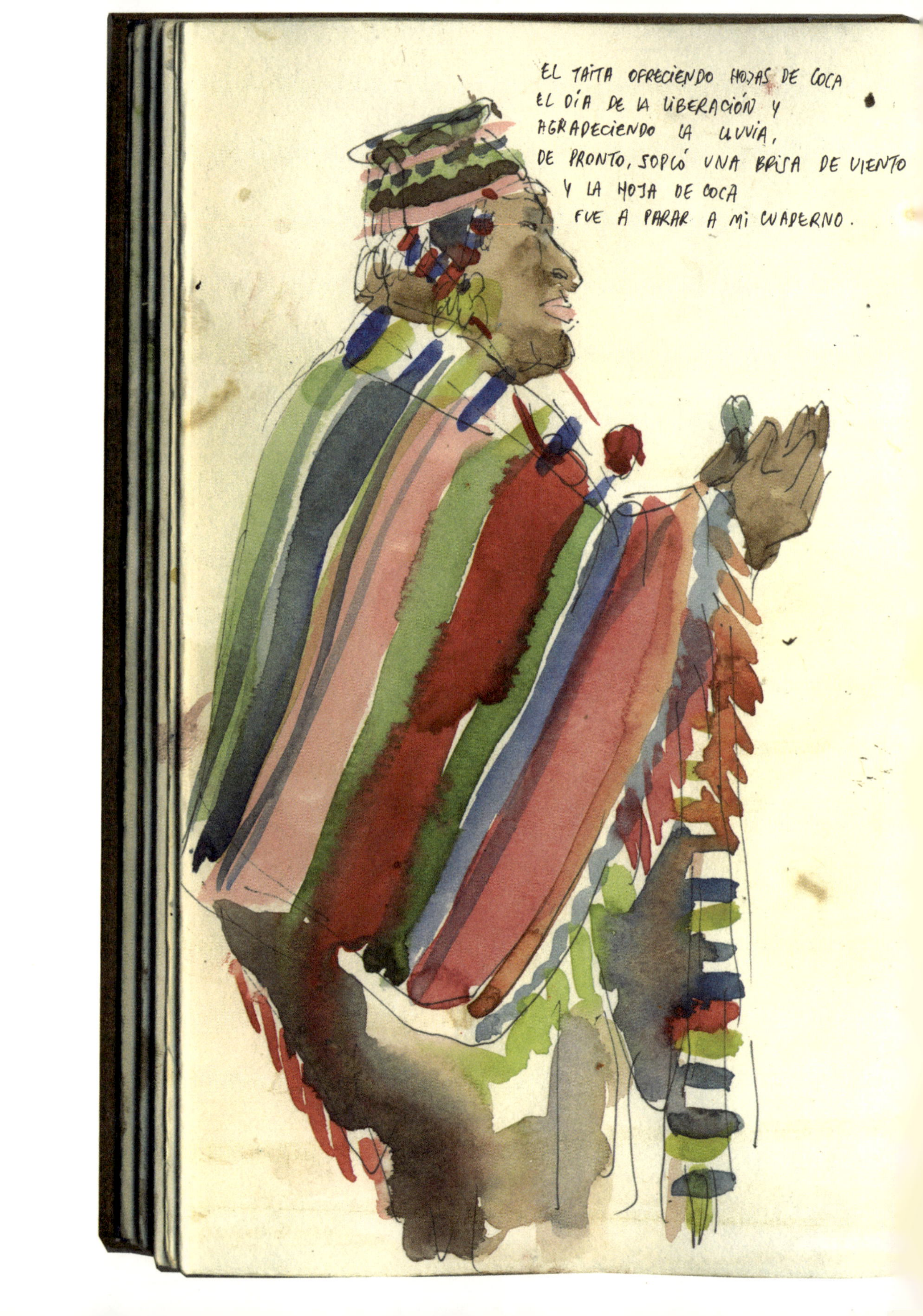
EL TAITA OFRECIENDO HOJAS DE COCA
EL DÍA DE LA LIBERACIÓN Y
AGRADECIENDO LA LLUVIA,
DE PRONTO, SOPLÓ UNA BRISA DE VIENTO
Y LA HOJA DE COCA
FUE A PARAR A MI CUADERNO.

EL TAITA Y SU NIETA.
TODOS LOS COLORES Y EL DISEÑO DE SU
VESTIDO TIENEN UN SIGNIFICADO.
EN LA PROVINCIA DE RÍO NEGRO, EN ARGENTINA,
SE ENCUENTRA LA SIERRA DE PAILEMÁN.
ALLÍ SE SUELTAN A LOS CÓNDORES PARA
SU REINTRODUCCIÓN EN LA NATURALEZA.

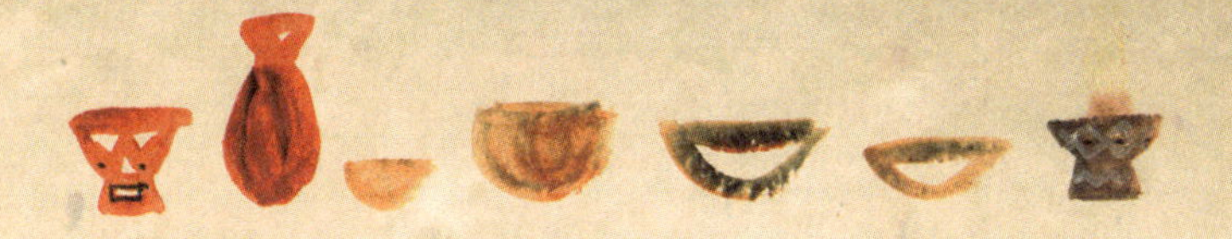

LOS ANCIANOS DE LA SIERRA CUENTAN MUY BIEN.
DICEN QUE 1 + 1 ES IGUAL A 3, ESO
NO LO APRENDIERON EN NINGÚN LADO. Y ES QUE 1 HOMBRE
+ UNA MUJER + 1 HIJO SON 3.

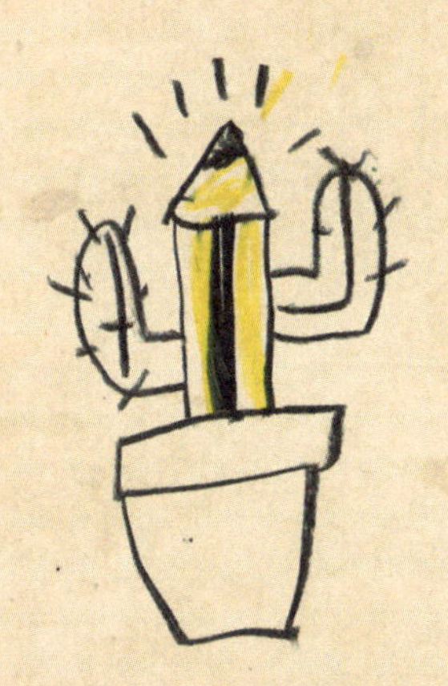

EL LÁPIZ SAGRADO

HUMILDAD
SINCERIDAD
VOLUNTAD
INTEGRIDAD

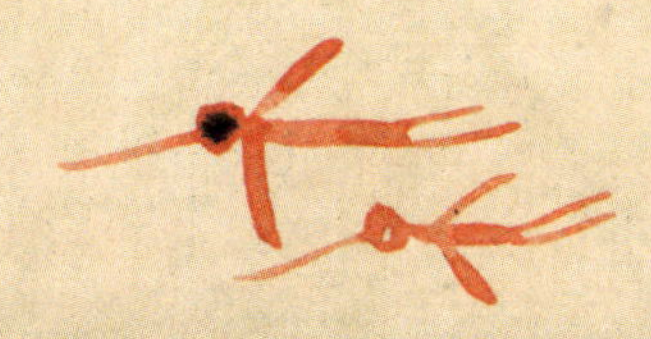

EL SECRETO DE LA INTEGRIDAD ESTÁ EN EL AQUÍ Y AHORA.

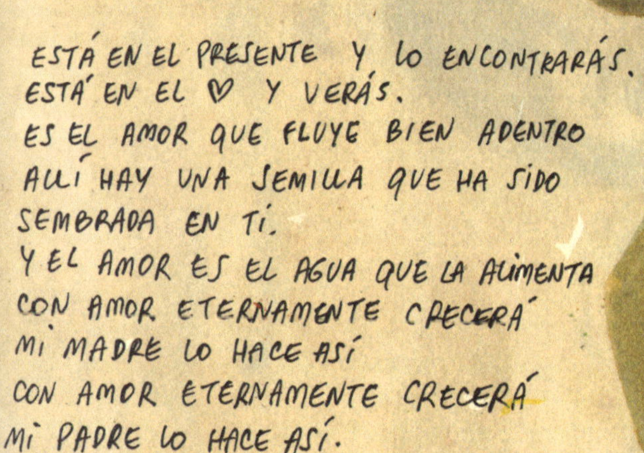

ESTÁ EN EL PRESENTE Y LO ENCONTRARÁS.
ESTÁ EN EL ♥ Y VERÁS.
ES EL AMOR QUE FLUYE BIEN ADENTRO
ALLÍ HAY UNA SEMILLA QUE HA SIDO
SEMBRADA EN TI.
Y EL AMOR ES EL AGUA QUE LA ALIMENTA
CON AMOR ETERNAMENTE CRECERÁ
MI MADRE LO HACE ASÍ
CON AMOR ETERNAMENTE CRECERÁ
MI PADRE LO HACE ASÍ.

TODO SE MUEVE Y EL QUE PIENSA, SE LO PIERDE.

LA ABUELITA MARGARITA
"REZANDO CON SU CHANUPA"
AÑOS: TIENE MÁS DE CINCO VECES TRECE
MUCHITO MÁS.
EL LÁPIZ, MEDICINA
ANCESTRAL.

AL LÁPIZ HAY QUE USARLO CON CARIÑO. ES UNA HERRAMIENTA MUY PODEROSA.

EN LA CASA DE LOS ABUELOS NOS VAMOS CURANDO. NOS VAMOS SANANDO!

A VECES POCAS PALABRAS DICEN MÁS QUE MUCHAS.

LO MEJOR ESTÁ POR VENIR ¡SIEMPRE!

FAMILIA

CUENTAN QUE HABÍA
2 HOMBRES: A UNO LE IBA
MUY BIEN Y AL OTRO MUY
MAL.
EL HOMBRE AL QUE TODO LE IBA
MAL PREGUNTÓ AL OTRO QUÉ ES LO
QUE HACÍA PARA QUE LE FUERA BIEN.
ÉSTE LE CONTESTÓ
QUE TENÍA PROTECCIÓN.
UNA NOCHE, EL HOMBRE AL QUE
LE IBA MAL FUE A VER Y
SE ENCONTRÓ DOS NIÑOS SEMBRANDO
Y PONIENDO AGUA AL MAÍZ.

CUENTAN LOS ANCIANOS QUE UN "MONO COTO"
MIENTRAS BEBÍA AGUA DEL RÍO KIRAMÚ (CONAMBO)
SE CONVIRTIÓ EN HOMBRE.
OTRO MONO COTO QUE HIZO LO MISMO SE CONVIRTIÓ
EN MUJER.
DE LA UNIÓN DE ESTOS 2 SERES NACIÓ "TSITZANO".
UN DÍA TSITZANO SE FUE A CAMINAR POR LA SELVA
Y SÓLO SE LO VOLVIÓ A VER AL CABO DE UNOS AÑOS
CONVERTIDO EN UN PODEROSO (SHIMANO) CHAMÁN,
CARGADO DE LANZAS Y BODOQUERAS (CERBATANAS).
DURANTE SU AUSENCIA ENTRÓ EN CONTACTO CON
TODOS LOS ANIMALES DE LA SELVA Y CON LOS
ESPÍRITUS QUE LA HABITAN.
ASÍ TSITZANO ENCONTRÓ AL ZANCUDO QUE LO INVITÓ
A PASAR LA NOCHE CON ÉL Y LUEGO DE QUE ÉSTE
ACEPTARA, EL ZANCUDO INTENTÓ PICARLO SEDUCIÉNDOLO
CON SU ZUMBIDO.
LUEGO VISITÓ LAS CASAS DE SWIÑUKA, UNA PALOMA
SILVESTRE; DE LOS MURCIÉLAGOS ATARI Y DE MUCHOS
OTROS ANIMALES.
A SU PASO TSITZANO SE CASÓ VARIAS VECES.
EN SU RECORRIDO ENTENDIÓ Y ADQUIRIÓ LA SABIDURÍA
DE LOS DIFERENTES SERES QUE PUEBLAN LA SELVA.

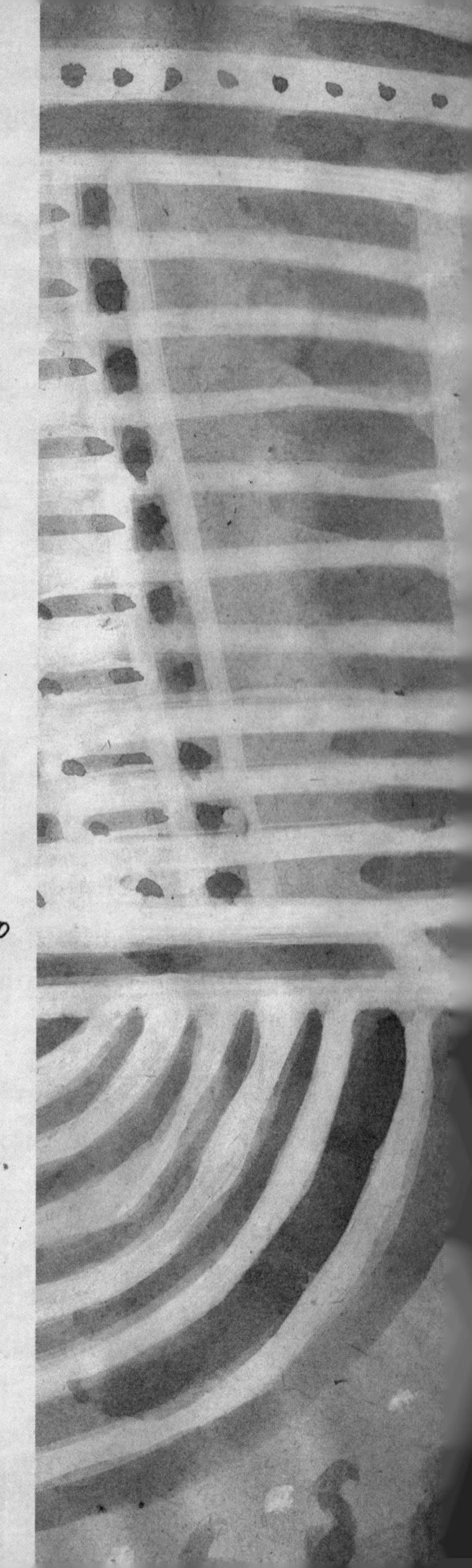

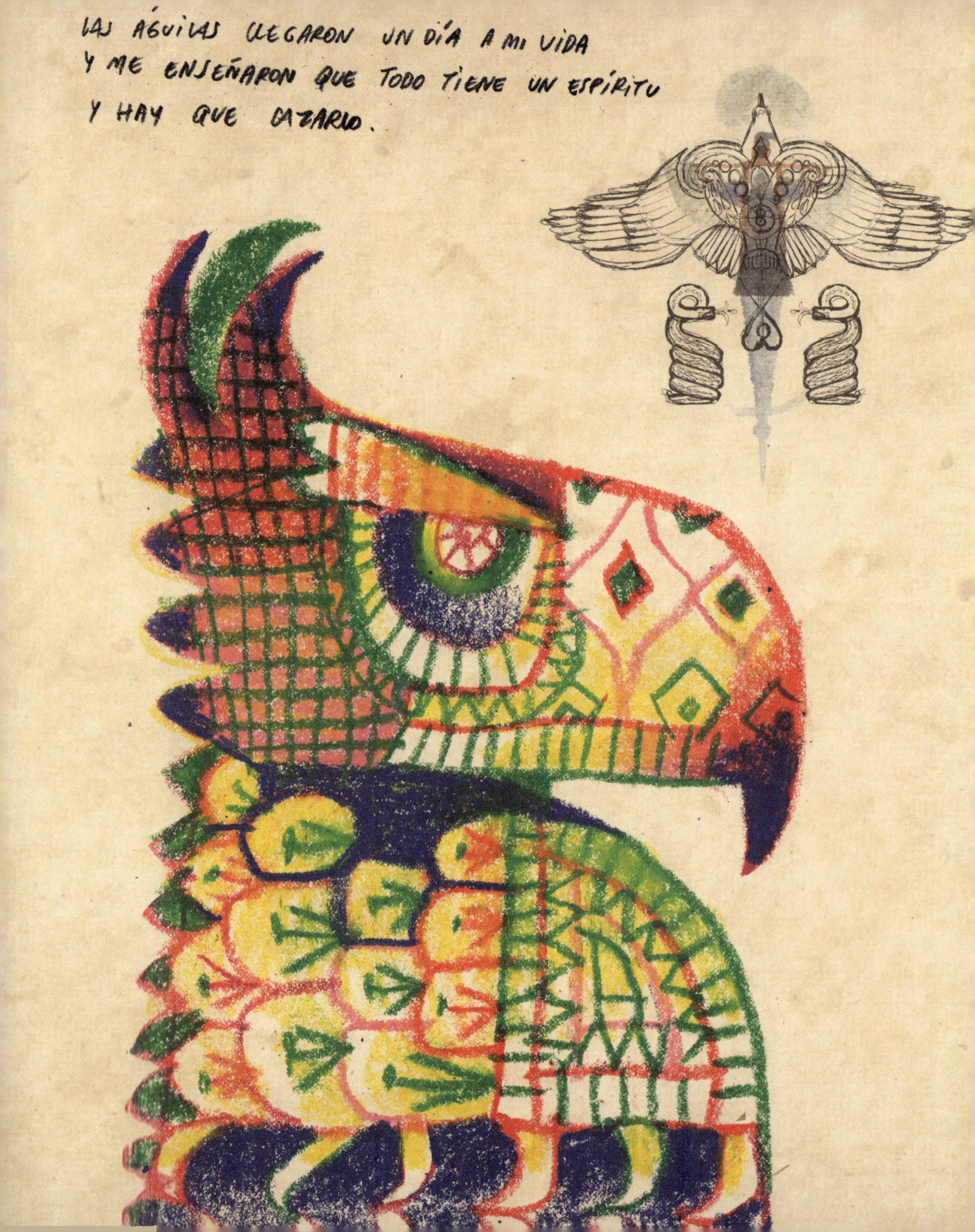
LAS ÁGUILAS LLEGARON UN DÍA A MI VIDA
Y ME ENSEÑARON QUE TODO TIENE UN ESPÍRITU
Y HAY QUE CAZARLO.

"CADA VEZ QUE SE EXTINGUE UNA ESPECIE EL HOMBRE SE ACERCA A SU PROPIA EXTINCIÓN, CADA VEZ QUE SE EXTINGUE UN PUEBLO INDÍGENA NO ES TAN SÓLO UNA TRIBU QUIEN SE EXTINGUE, ES UN MIEMBRO MÁS DE LA FAMILIA HUMANA".

(CARTA DE LOS U'WA)

ISRAEL

SIEMPRE PENSÉ QUE EL DIBUJO
TIENE EL PODER DE UNIR.
PODEMOS DIBUJAR JUDÍOS Y PALESTINOS
EN PAZ Y EN ARMONÍA.

EN JUNIO DE 2010 VIAJÉ A ISRAEL CON MI HIJO THÉO.

ALLÍ TENGO FAMILIA, VIVEN MIS TÍOS SUSY Y HÉCTOR
Y TENGO VARIAS PRIMAS QUE QUERÍA CONOCER.

LE PEDÍ A MI TÍO HÉCTOR QUE ESCRIBIERA
ALGO DESDE EL CORAZÓN
Y ESCRIBIÓ ESTE EMOTIVO TEXTO.

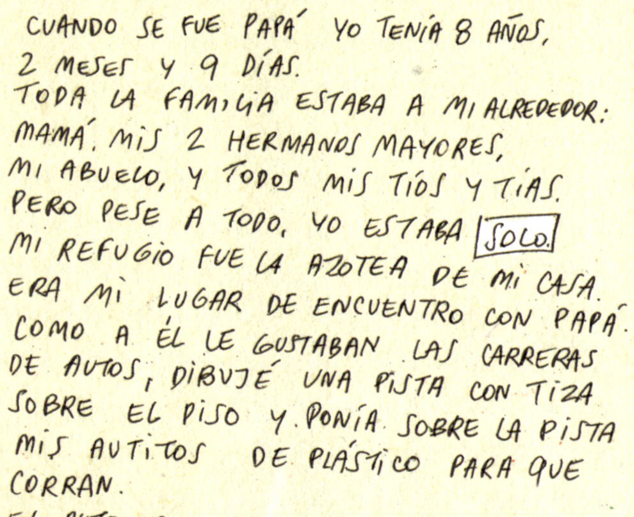

CUANDO SE FUE PAPÁ YO TENÍA 8 AÑOS,
2 MESES Y 9 DÍAS.
TODA LA FAMILIA ESTABA A MI ALREDEDOR:
MAMÁ, MIS 2 HERMANOS MAYORES,
MI ABUELO, Y TODOS MIS TÍOS Y TÍAS.
PERO PESE A TODO, YO ESTABA SOLO.
MI REFUGIO FUE LA AZOTEA DE MI CASA.
ERA MI LUGAR DE ENCUENTRO CON PAPÁ.
COMO A ÉL LE GUSTABAN LAS CARRERAS
DE AUTOS, DIBUJÉ UNA PISTA CON TIZA
SOBRE EL PISO Y PONÍA SOBRE LA PISTA
MIS AUTITOS DE PLÁSTICO PARA QUE
CORRAN.
EL AUTO QUE SIEMPRE GANABA, ERA EL
DE PAPÁ.
PERO ESTO NO ERA SUFICIENTE, COMENCÉ
A FABRICAR COMETAS CON PAPEL Y CAÑAS.
CUANDO LOS IZABA
Y LLEGABAN A LAS ALTURAS AYUDADOS POR
EL VIENTO, ERA EL MOMENTO MÁS FELIZ,
PORQUE SENTÍA QUE PAPÁ SE MONTABA
SOBRE EL COMETA Y DESDE ALLÍ ME DECÍA:
"ESTOY Y ESTARÉ SIEMPRE CONTIGO."

HÉCTOR

SUSY

SOY FELIZ.
VIVO EN ISRAEL.
VENDO ELECTRODOMÉSTICOS.
ALQUILO UN COCHE.
ODIO A MI MUJER.
TENGO 10 NIETOS
Y TENGO UNA BATA
CON MI NOMBRE: HÉCTOR.

HÉCTOR (SU HISTORIA)

1 HÉCTOR NACIÓ EN BS. AS.
EL 25 DE ENERO DE 1945.
TENÍA 2 HERMANOS:
CHOLO Y MAURICIO.
2 CRECIÓ Y CUANDO TENÍA
19 AÑOS SE FUE A ISRAEL
A TRABAJAR A UN
KIBUTZ.
SOY FELIZ
3

4 PERO SE REGRESÓ A
ARGENTINA.

5 ALLÍ CONOCIÓ A SUSY
Y FUE JEFE DE UNA
EMPRESA QUE QUEBRÓ.

te quiero Susy

6 SE FUERON
A ISRAEL
CON DOS HIJAS:
SIGALIT Y DANA.

7 EN ISRAEL HÉCTOR
TRABAJÓ DE MUCHAS
COSAS.

OBRERO.

SACANDO PETRÓLEO.

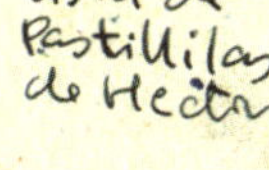

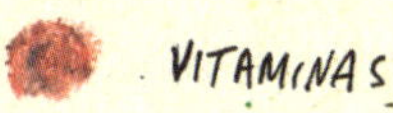

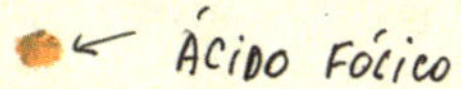

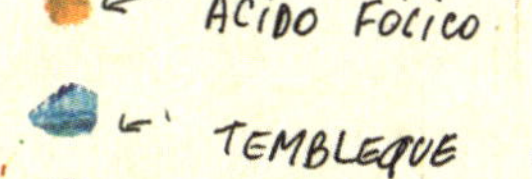

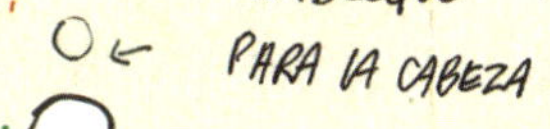

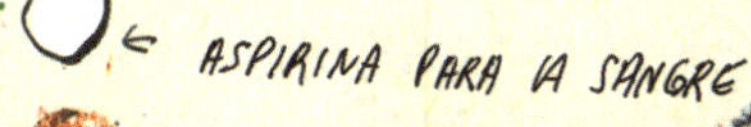

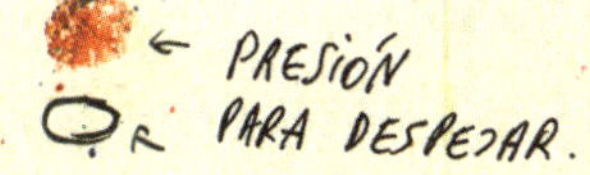

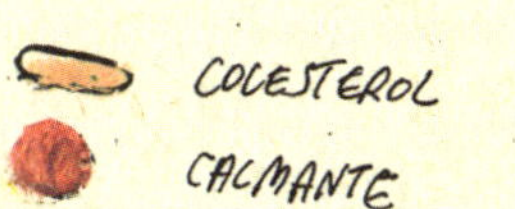

8 VENDEDOR DE AUTOS.

Y VENDEDOR DE
ELECTRODOMÉSTICOS.

Abigail
Para Gusti
"ALMA"
Dios siempre
contigo y te
ama
De tu prima
de Bat Hayn
David
Heiman tocando
10 años el saxo
Nehorai
el iluminado

Iglesia de
la Enunciación
en NAZARETH

PROCEDIMIENTO PARA LA COLOCACIÓN DEL TALIT

En el dia de tu Bar Mitžva

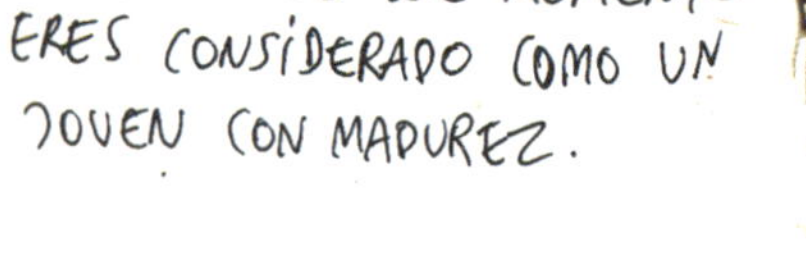

CUANDO CUMPLES 13 AÑOS FESTEJAS TU BAR MITZVA. A PARTIR DE ESE MOMENTO ERES CONSIDERADO COMO UN JOVEN CON MADUREZ.

1. TOMAR EL TALIT CON AMBAS MANOS Y DECIR LA BENDICIÓN CORRESPONDIENTE.

2. COLOCAR EL TALIT ENCIMA DE LA CABEZA SOLAMENTE (TENIENDO EL ROSTRO DESCUBIERTO).

3. ARROJAR LAS DOS PUNTAS DERECHAS DEL TALIT POR ENCIMA DEL HOMBR IZQUIERDO.

4. ARROJAR LAS DOS PUNTAS IZQUIERDAS TAMBIÉN POR ENCIMA DEL HOMBRO IZQUIERDO.

BAJAR EL TALIT SOBRE TODO EL CUERPO.

THEÓ

TUMBA DEL CEMENTERIO DE Farrada

Torre Arabe, Mezquita de Cesarea

NAJON (cierto)

0_ efes
1. AJAD
2. SHTAIM
3. SHALOSH
4. ARBA
5. JAMESH
6. SHESH
7. SHEBA
8. SHMONE
9. TEISHA
10. ESSER
20. ESRIM
21. ESRIMBE AJAD.
30. SLOSHIM
40. ARBAIM
50. JAMISHIM
60. SHISHIM
70. SHEBEIM
80. SHUMONIM
90. TISHIM
100. MEA.

ASÍ NO HAY QUE ENVOLVERSE EN EL TALIT.

VE = i

DIBUJOS DE LA LIBRETA DE THEÓ

Esperando el autobús en la stación de Jerusalem aprovecho para dibujos

בית כנסת
SYNAGOGUE
dibujando rabinos

EL BOLÍGRAFO

OTRO AMIGO HUMILDE

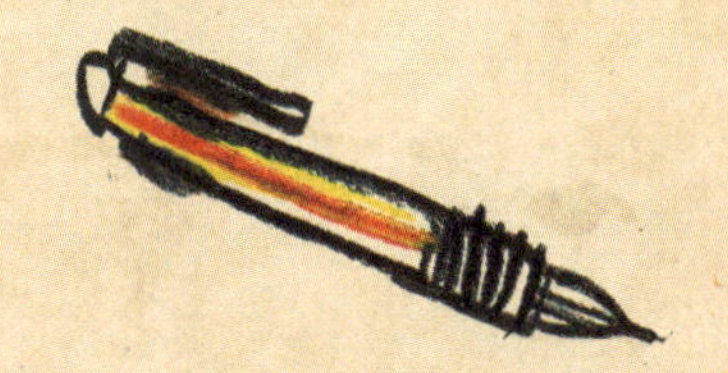

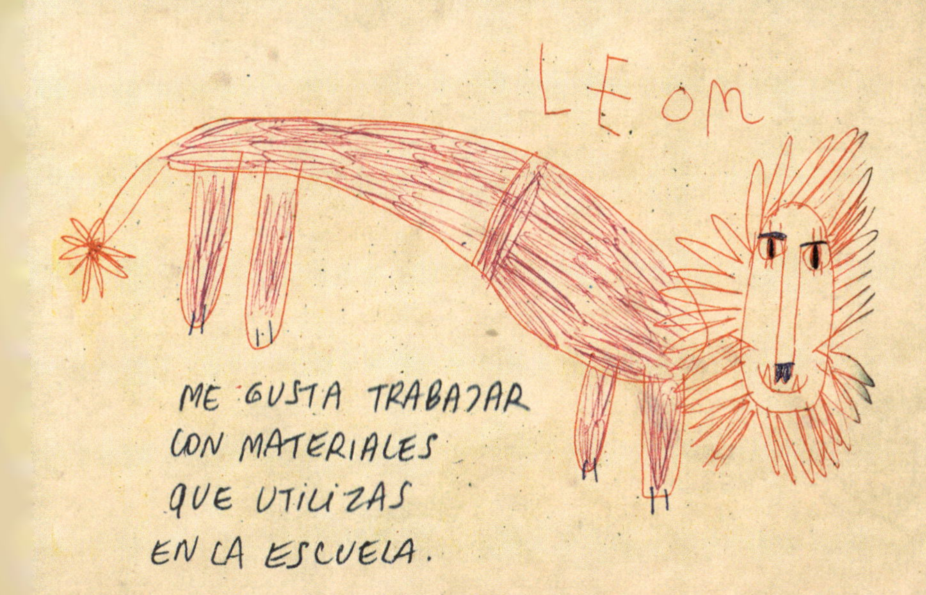

ME GUSTA TRABAJAR
CON MATERIALES
QUE UTILIZAS
EN LA ESCUELA.

ME ENCANTA DIBUJAR DIRECTAMENTE
CON EL BOLÍGRAFO, ES MUY AUTÉNTICO.
MARCELINO FREIRE
MARCELO FERRON
MARGARIDA PATRIOTA
ME GUSTA DIBUJAR
A LA GENTE MIENTRAS
HABLAMOS POR SKYPE.
CABALLO VERDE Y PLANTITA
CADA GOTA DE LLUVIA CAE
EXACTAMENTE EN EL LUGAR
QUE HA DE CAER.

NO SÉ POR QUÉ COMENCÉ A DIBUJAR
CON BOLÍGRAFO A PERSONAJES IMPORTANTES
DE LA HISTORIA COMO LOUIS XIV, NAPOLEÓN,
CORTÉS, ETC... Y A TODOS LOS DIBUJÉ CON
ALAS DE MARIPOSA, COMO INTENTANDO
QUE ESTOS PERSONAJES SE PUEDAN TRANSFORMAR.

EN TODOS MIS VIAJES SIEMPRE ALGUIEN ME RECOMIENDA ALGÚN LIBRO.

"BRAZILIAN ADVENTURE"
PETER FLEMING

"ATRAPADOS EN EL HIELO"
CAROLINE ALEXANDER

"1421 EL AÑO QUE CHINA DESCUBRIÓ EL MUNDO"
GAVIN MENZIES

"LOS NAVEGANTES"
EDWARD ROSSET

"LA CONQUISTA DEL AMAZONAS"
EDWARD ROSSET

"EN BUSCA DEL UNICORNIO"
JUAN ESLAVA GALÁN

"EL ANTROPÓLOGO INOCENTE"
NIGEL BARLEY

"TRILOGÍA DE CENTROAMÉRICA"
JAVIER REVERTE

"DIÁLOGO CON LAS ESTRELLAS"
FLORENCE TRYSTAM

"ARGONAUTAS DE LA SELVA"
LEOPOLDO BENITES VINUEZA

THE DISABLED BODY IN CONTEMPORARY ART
ANN. MILLET-GALLANT

"LA DOCTRINA DEL SHOCK"
NAOMI KLEIN

"LEJOS DEL ÁRBOL"
ANDREW SOLOMON

"EL RÍO"
WADE DAVIS

"EL GRITO DE LA GAVIOTA"
~~EMMA~~ EMMANUELLE LABORIT

"VEO UNA VOZ"
OLIVER SACKS

"LA MUERTE: UN AMANECER
ELISABETH KÜBLER-ROSS

"LA BIOMAESTRA"
DESARROLLO DE LA CAPACIDAD CREADORA.
VIKTOR LOWENFELD

"GENTE DEL SIGLO XX"
AUGUST SANDER

"LA INVENCIÓN DE LA HISTERIA"
DIDI HUBERMAN

CONSTRUIR ALGO
QUE ES REFLEJO DE TI.

CONSTRUCCIÓN DE
LA PROPIA PERSONA.

GESTOR DE
EMOCIONES

DIBUJAR Y DISFRUTAR
ACEPTACIÓN Y ENTREGA

MIENTRAS DOY CURSOS
DE ILUSTRACIÓN, DIBUJO
A LOS ALUMNOS DIBUJANDO.

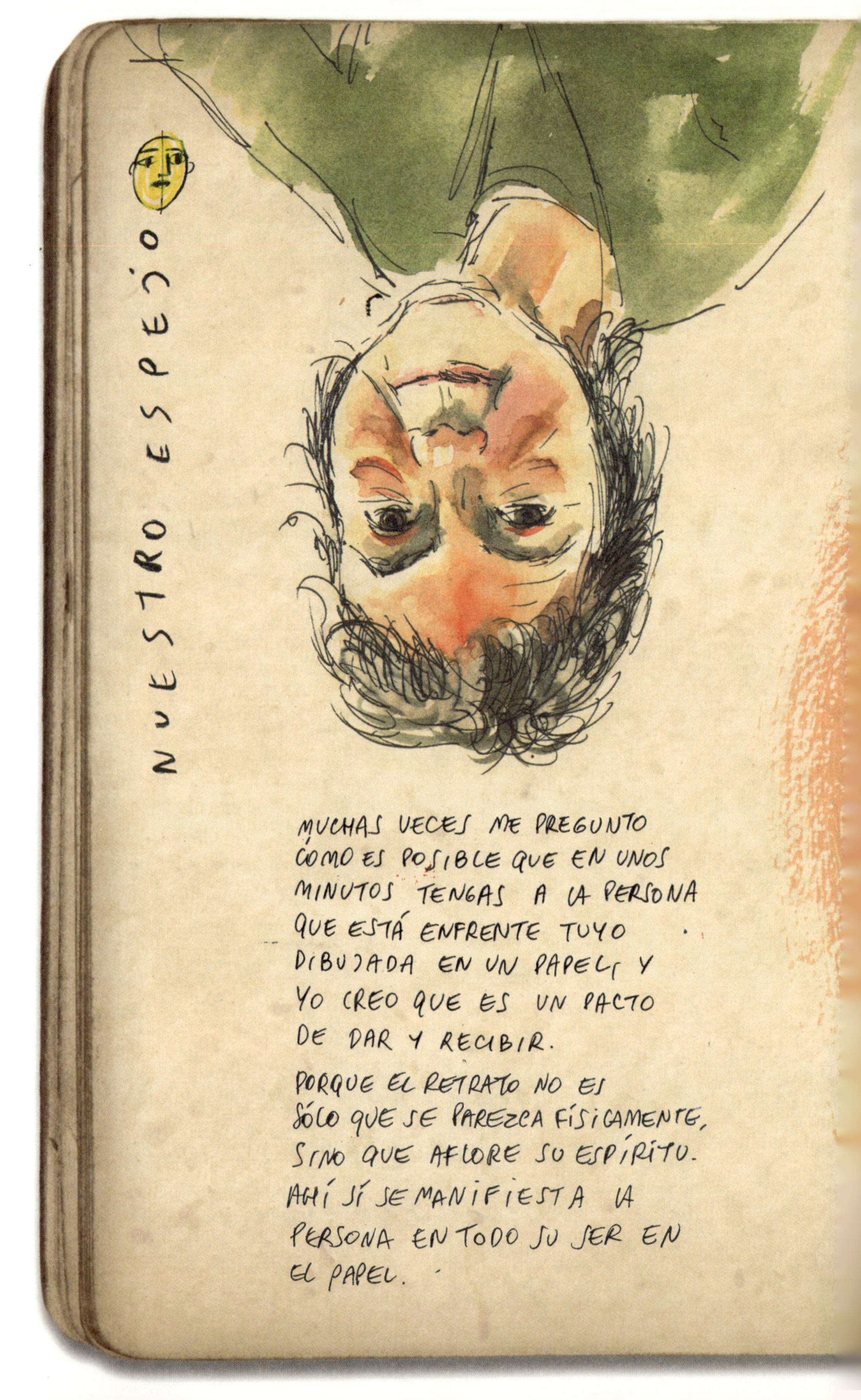
NUESTRO ESPEJO
MUCHAS VECES ME PREGUNTO
CÓMO ES POSIBLE QUE EN UNOS
MINUTOS TENGAS A LA PERSONA
QUE ESTÁ ENFRENTE TUYO
DIBUJADA EN UN PAPEL, Y
YO CREO QUE ES UN PACTO
DE DAR Y RECIBIR.
PORQUE EL RETRATO NO ES
SÓLO QUE SE PAREZCA FÍSICAMENTE,
SINO QUE AFLORE SU ESPÍRITU.
AHÍ SÍ SE MANIFIESTA LA
PERSONA EN TODO SU SER EN
EL PAPEL.

RETRATOS
"TRATO" ENTRE DOS PERSONAS

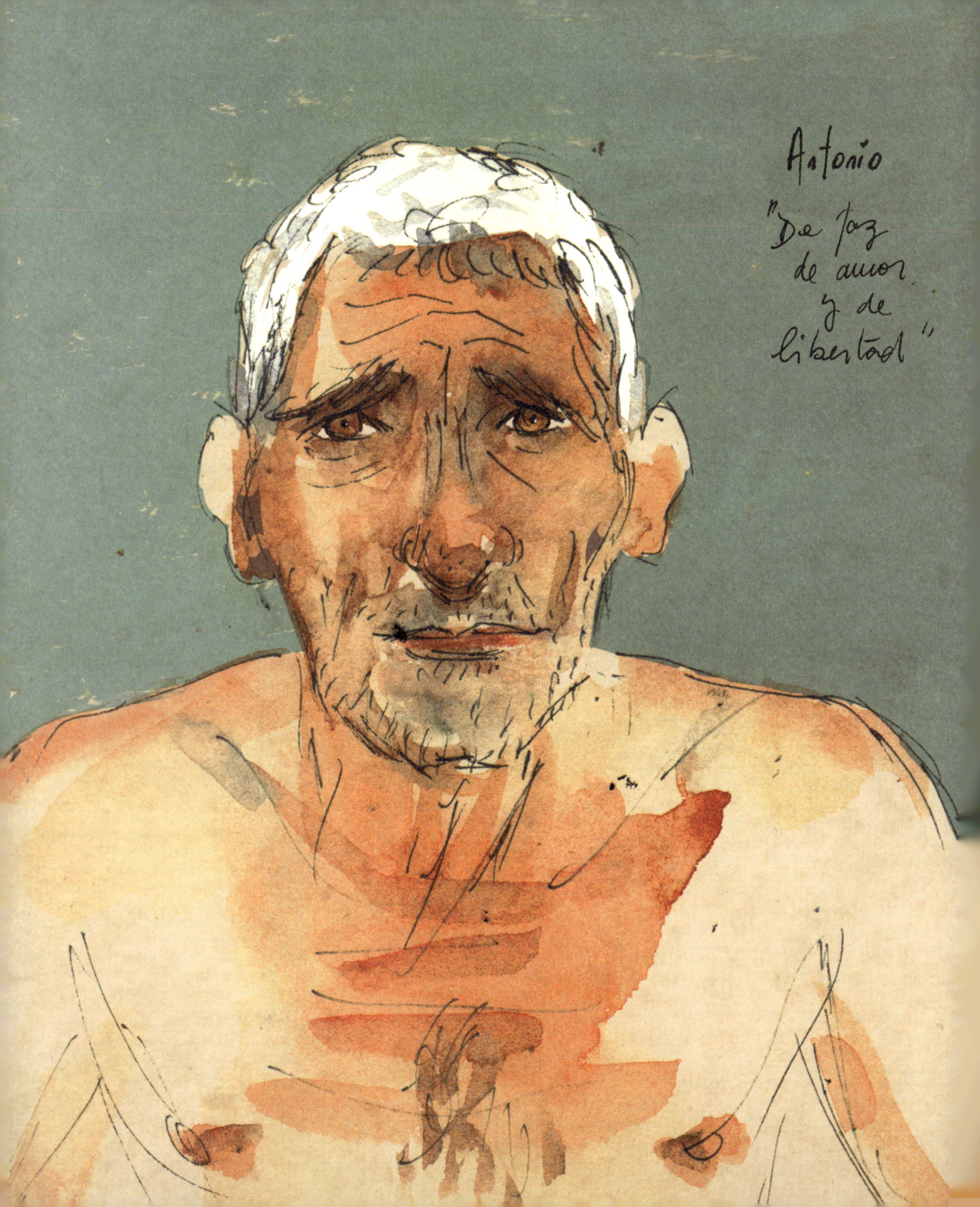
Antonio
"De paz
de amor
y de
libertad"

"Elena"
Y yo qué sé.

IBROS DE RELIGION
una il·lust
de la nova
ditorial,
àlegs des
utilizar

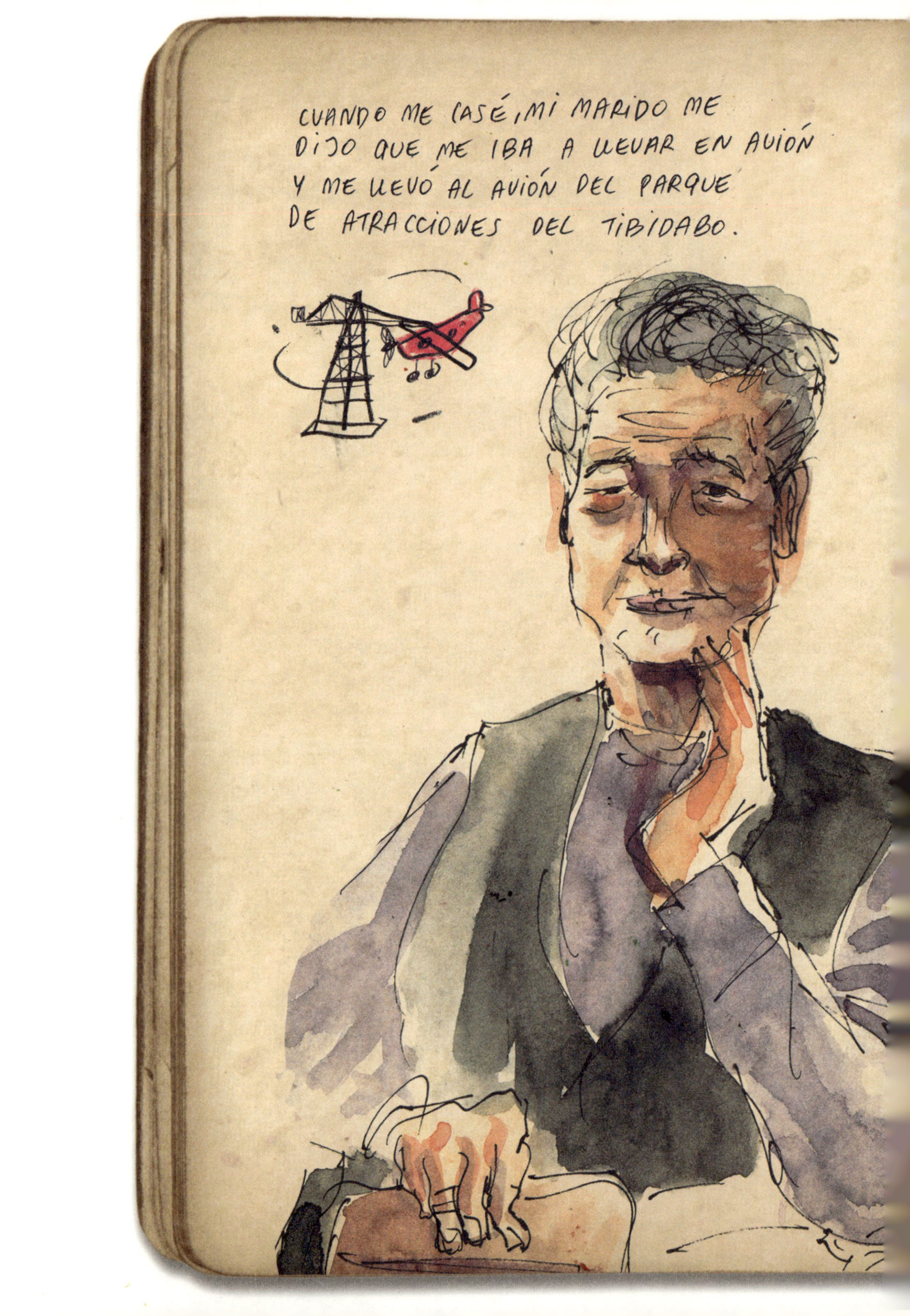
CUANDO ME CASÉ, MI MARIDO ME
DIJO QUE ME IBA A LLEVAR EN AVIÓN
Y ME LLEVÓ AL AVIÓN DEL PARQUE
DE ATRACCIONES DEL TIBIDABO.

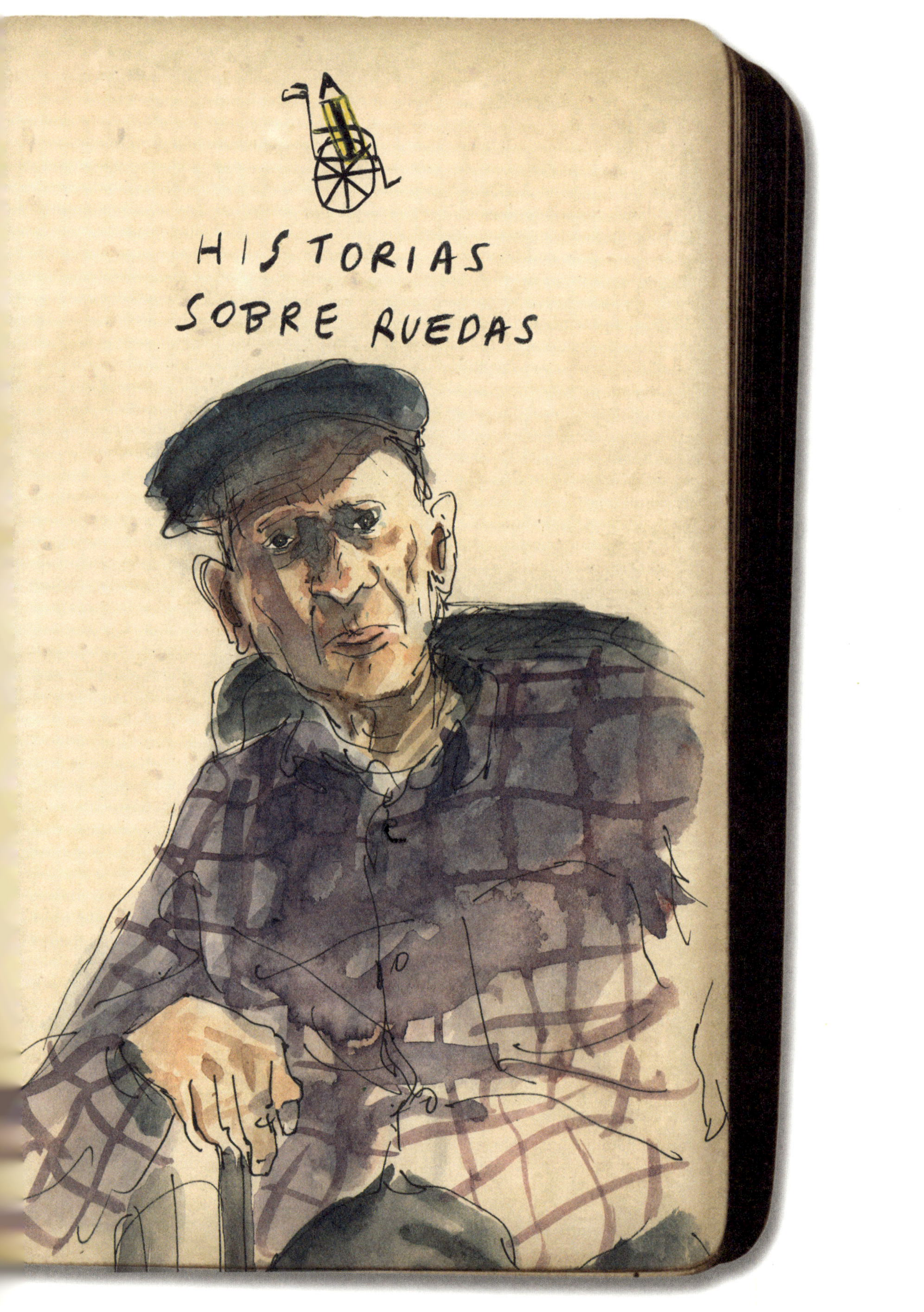
HISTORIAS
SOBRE RUEDAS

DURANTE 2 AÑOS FUI CADA SÁBADO
A UNA RESIDENCIA DE ANCIANOS A DIBUJAR.
AL PRINCIPIO COSTÓ QUE SE ACOSTUMBRARAN
A QUE VENGA ALGUIEN DE FUERA A DIBUJARLOS,
PERO AL CABO DE UNOS MESES YA
ÉRAMOS ÍNTIMOS AMIGOS.

HAY ALGUNOS CON UN ESPÍRITU INCREÍBLE A PESAR DE QUE FÍSICAMENTE ESTÉN MUY MAL, Y OTROS QUE A PESAR DE ESTAR BIEN, YA SU ESPÍRITU LOS ABANDONÓ Y SÓLO ESPERAN LA MUERTE.

MANUEL CONOCIÓ A SOFIA LOREN
Y LO VISTIERON DE ROMANO EN
UNA PELÍCULA.

EMMA CON 83 AÑOS ESTÁ APRENDIENDO
A ESCRIBIR CON LA MANO IZQUIERDA.
UNA VOLUNTAD INQUEBRANTABLE.

MARÍA CUANDO BAILABA EL TANGO
LE HACÍAN CORRO ALREDEDOR.

A MUCHOS LES GUSTA DIBUJAR.

VIRTUDES LE HIZO UN JERSEY
A LA REINA.

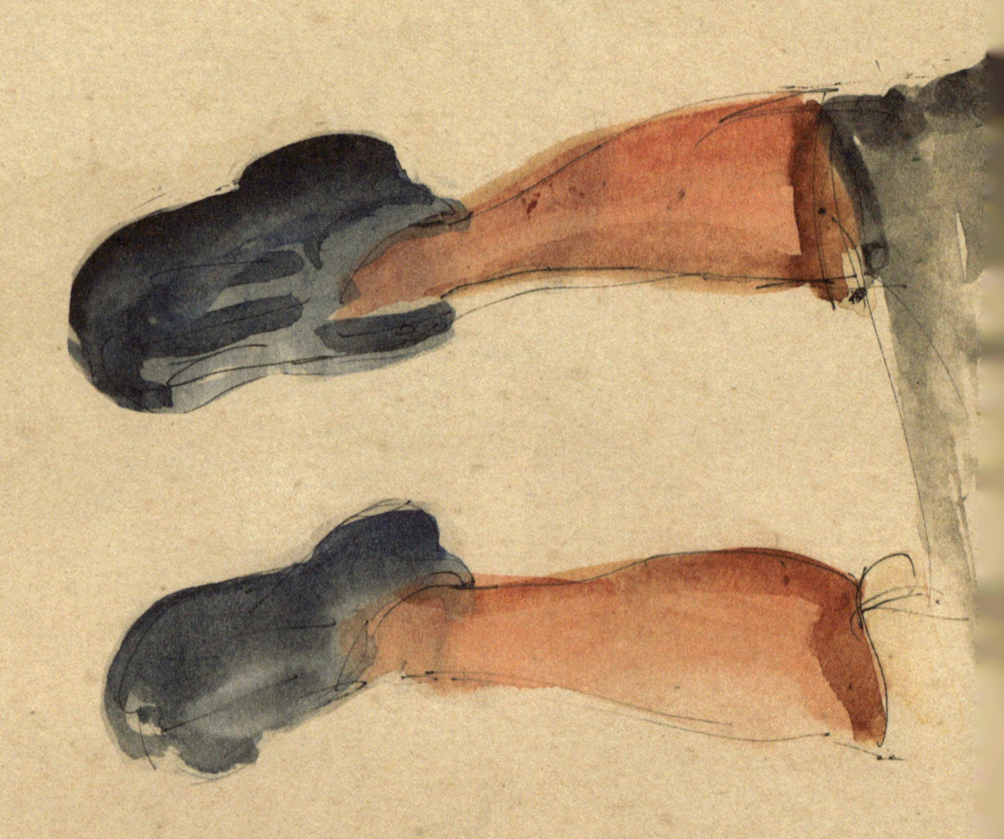

EMILIA TUVO A SU HIJO EN EL
FRENTE DE BATALLA Y A SU
MARIDO LO MATARON A LOS 2 MESES.

SIEMPRE PIENSO QUE UNA PERSONA
MAYOR ES UN MONTÓN DE HISTORIAS
ALLÍ ENCERRADAS Y EL DIBUJAR ME
DA ESE TIEMPO PARA PODER
TIRAR DE ESE HILO E IR SACANDO
ESAS VIVENCIAS.

TE ESTABA ESPERANDO, CLARI, POR AHÍ HAY UN LUGARCITO PARA COMER MUY BUENO.

MIRÁ MAURICIO, PUEDO CAMINAR OTRA VEZ. QUE BONITO ES CAMINAR JUNTOS.

LA "PARCA"

DICEN QUE UNA
PERSONA ESTÁ
MUERTA CUANDO
YA NADIE SE
ACUERDA DE ELLA

A MI MAMÁ NO LE
GUSTABAN LOS GATOS

"ENTREGARSE"

UNA NOCHE EN UN SUEÑO
ME VINIERON A VISITAR
UNOS VIEJOS ANCIANOS
INDÍGENAS, ENTRE ELLOS
UNA SEÑORA QUE TENÍA
UN SOBRE, Y ME DIJO:
"TENEMOS UN MENSAJE
PARA TI".
Y YO RESPONDÍ:
"¿CUÁL ES EL MENSAJE?
Y ME RESPONDIÓ:
"TE TIENES QUE MORIR
PARA RECIBIRLO".

LA MUERTE
COMO UN RENDIRSE
Y ENTREGARSE.

QUERIDO DIOS LE OFREZCO
ESTE PERFUME DE AVON
"WILD COUNTRY"
ESTÁ EN OFERTA.

HMMM...
HUELE
BIEN
DEME DOS

¡DECILE A
TU MAMÁ
QUE ESTOY
BIEN!

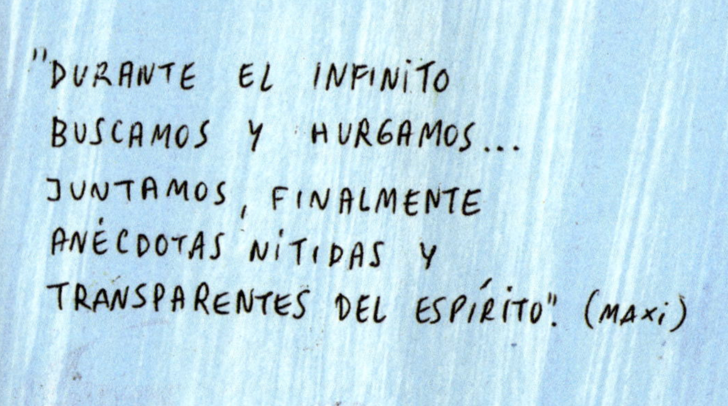

"DURANTE EL INFINITO
BUSCAMOS Y HURGAMOS...
JUNTAMOS, FINALMENTE
ANÉCDOTAS NÍTIDAS Y
TRANSPARENTES DEL ESPÍRITU". (MAXI)

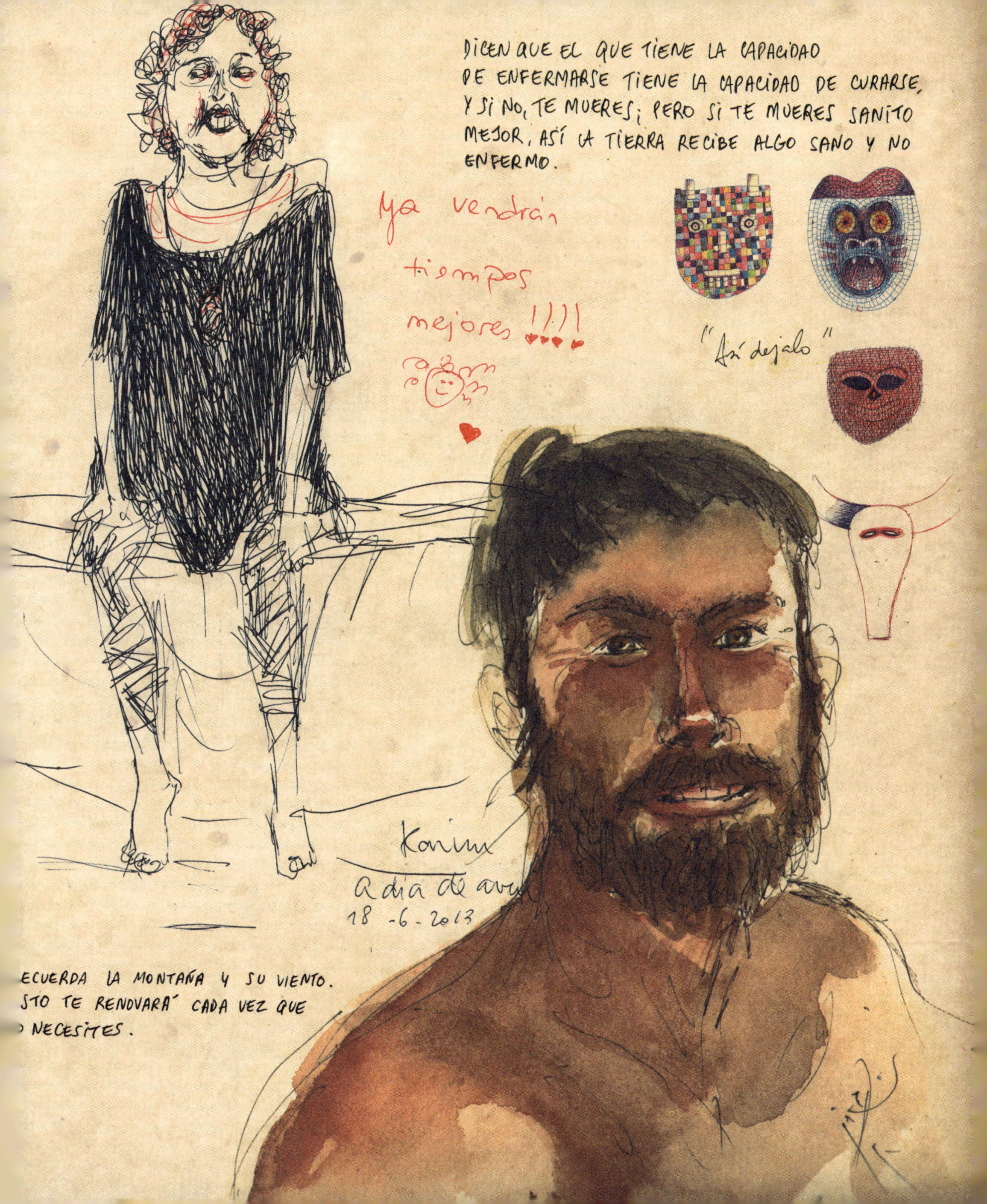
DICEN QUE EL QUE TIENE LA CAPACIDAD
DE ENFERMARSE TIENE LA CAPACIDAD DE CURARSE,
Y SI NO, TE MUERES; PERO SI TE MUERES SANITO
MEJOR, ASÍ LA TIERRA RECIBE ALGO SANO Y NO
ENFERMO.
Ya vendrán tiempos mejores!!!!
"Así déjalo"
Karim
18-6-2013
ECUERDA LA MONTAÑA Y SU VIENTO.
STO TE RENOVARÁ CADA VEZ QUE
NECESITES.

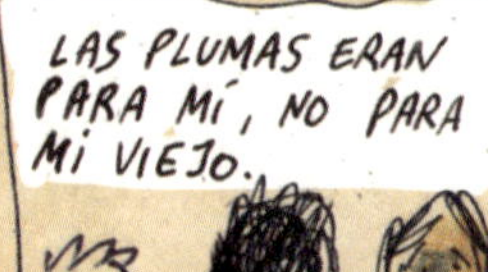

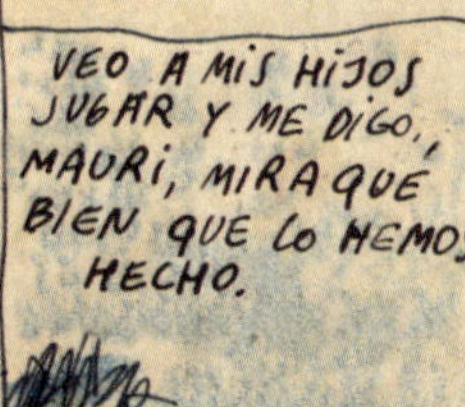

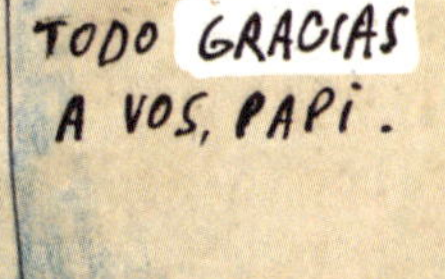

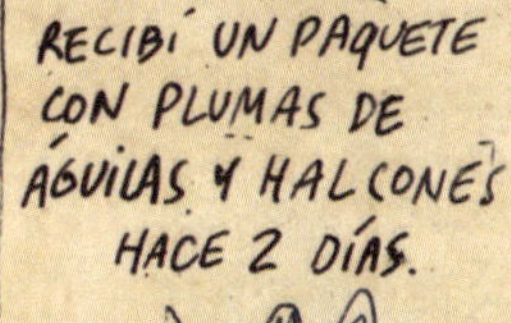

SE LAS HABÍA PEDIDO A JUAMA EL BIÓLOGO PARA QUE ME AYUDEN CON LO DE MI PAPÁ. Y AQUÍ ESTÁN.

CADA UNA CON SU NOMBRE TRICKY, SONORA, SONIA, ÁGUILA REAL, ÁGUILA IMPERIAL, HALCÓN PEREGRINO.

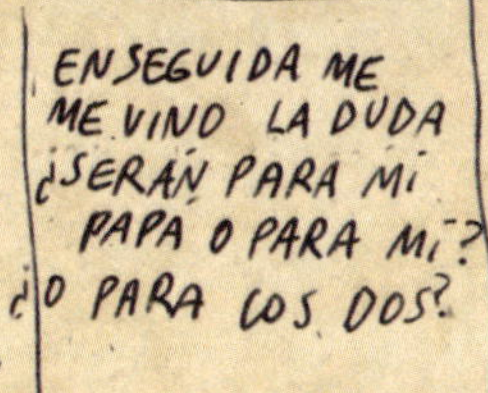

DE PRONTO, DE NOCHE TUVE LA NECESIDAD DE HACER UN FUEGO EN EL JARDÍN.

MAURICIO ROSEMFFET, LE DECÍAMOS COPITO POR SU CABELLO BLANCO.

EL GUSTI TENÍA
RAZÓN, DESDE
AQUÍ SE VEN
LOS FUEGOS.

¿QUÉ SON
ESTAS PLUMAS?

BUEN VIAJE
A LAS ESTRELLAS,
PAPI.

VAMOS, PA'.
VAMOS A VOLAR.

¡¡YUUUU YAMOO,
GRACIAS,
YUUUUÚ!!!

EN TIEMPOS DE PANDEMIA, AL NO PODER ESTAR CERCA FÍSICAMENTE,
ME DESPEDÍ DE MI PAPÁ CON UN BUEN FUEGO, CON PLUMAS SAGRADAS
Y CON MI PIPA Y MI TABACO.
AL TERMINAR DE DESPEDIRME, SONÓ EL TELÉFONO Y ERA MI
HERMANO QUE ME DICE _SE FUE PAPÁ.
SÍ. ME ACABO DE DESPEDIR DE ÉL.

CLARITA SU VIDA EN UNAS VIÑETAS.

A LOS 17 AÑOS SALIÓ "MISS SONRISA", ERA UN PROGRAMA DE RADIO

ESTUDIÓ PIANO EN EL CONSERVATORIO

SE CASÓ CON MAURICIO.

NACIÓ MARCOS MI HERMANO

A MI MAMÁ LE GUSTABA TOMAR EL SOL.

LUEGO NACÍ YO GUSTAVO ME SACÓ UNA MONJA

VIVIMOS UN AÑO EN MONTEVIDEO.

CLARITA COMENZÓ A VENDER PRODUCTOS DE "AVON"

¡¡RRIIINGG!! AVON LLAMA.

SE CONVIRTIÓ EN LA MEJOR VENDEDORA DE LA COMPAÑÍA.

A CLARITA LE GUSTABA DIBUJAR PERO LO DEJÓ. HACÍA RETRATOS

SEGUÍA TOMANDO EL SOL

LOS VERANOS ÍBAMOS A LA PLAYA.

CON MI HERMANO FUIMOS CRECIENDO

ERA MUY COQUETA

SIEMPRE LLEVABA LAS UÑAS PINTADAS.

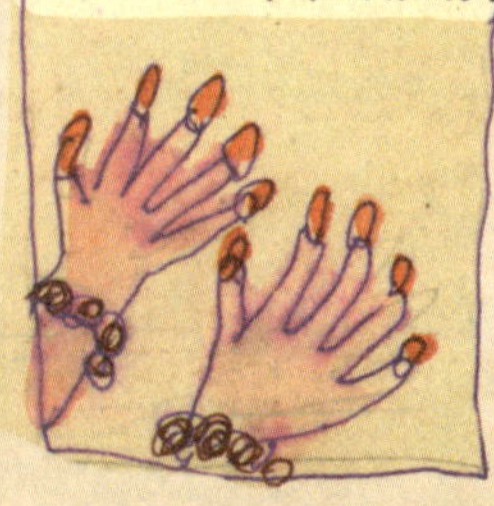

YO NO COMÍA NADA MÁS QUE MILANESAS, BANANAS, MANZANAS Y SOPA DE ARROZ.

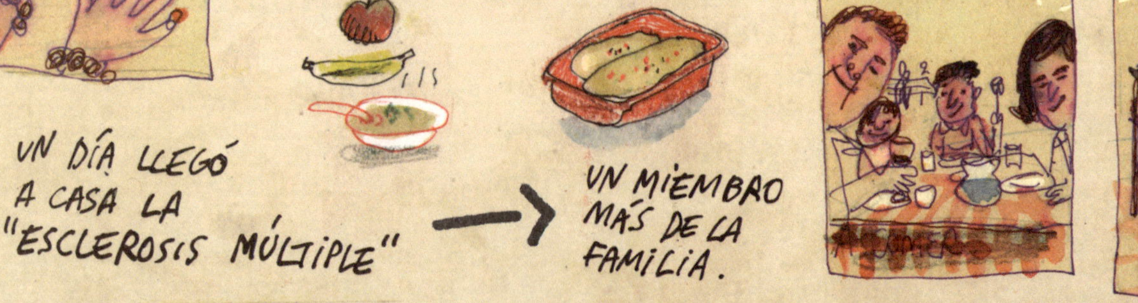

MI MAMÁ ME LLEVABA A TODAS PARTES UN TUPPERWARE CON MILANESAS.

ÍBAMOS A COMER EN RESTAURANTES.

LE GUSTABA BORDAR TAPICES.

UN DÍA LLEGÓ A CASA LA "ESCLEROSIS MÚLTIPLE" → UN MIEMBRO MÁS DE LA FAMILIA.

MI PAPÁ SE CONVIRTIÓ EN SU ENFERMERO SU CUIDADOR SU BASTÓN.

MI HERMANO ESTUDIÓ MEDICINA Y SE RECIBIÓ.

YO COMENCÉ A PUBLICAR MIS DIBUJOS.

MARCOS + SERIO

GUSTAVO + HIPPIE

MIS PADRES ME DECÍAN.

CORTATE EL PELO. TE VAN A LLEVAR PRESO.

ESTABA ORGULLOSA DE SU HIJO.

ME FUI...

GANÉ ALGUNOS PREMIOS. LO MÁS LINDO DE LOS PREMIOS ERA LLAMAR A MI MAMÁ POR TELÉFONO Y DARLE LA BUENA NOTICIA.

¡¡MAA!!! ¿ESTÁS SENTADA?

NO ME DIGAS.

TODAS LAS ENTREVISTAS, REPORTAJES QUE ME HACÍAN EN PRENSA, SE LOS ENVIABA A MI MAMÁ.

Y ASÍ NACIÓ EL MUSEO GUSTI, EN EL PASILLO DE LA CASA DE MIS PADRES.

MI MAMÁ TENÍA UNA HERMANA, MI TÍA SARA, QUE MURIÓ MUY JOVEN.

LE ENCANTABAN LAS TELENOVELAS.

ERA HINCHA DEL RIVER PLATE Y ANTI BOCA JUNIORS.

LE ENCANTABA DORMIRSE LA SIESTA ESCUCHANDO LA RADIO.

CADA VEZ LE COSTABA MÁS CAMINAR.

SE CAYÓ VARIAS VECES, SE ROMPIÓ LA CADERA.

→ SE CONTAGIÓ EL COVID →

MI HERMANO LE INSTALÓ TODO UN HOSPITAL EN CASA.

EN SUS ÚLTIMOS DÍAS VEÍA GATOS DECÍA QUE LA VENÍA A VISITAR UN KINESIÓLOGO. Y QUE EN LA HABITACIÓN HABÍA UNA PUERTA AZUL.

LA NOCHE ANTES DE MARCHAR DIJO QUE VIO CUATRO PERSONAS VESTIDAS DE BLANCO Y A MAURICIO ENTRE ELLOS QUE LE DECÍA "TE ESTAMOS ESPERANDO".

MI HERMANO ME DIJO QUE LA IBA A TRASLADAR AL HOSPITAL PORQUE TENÍA PROBLEMAS AL RESPIRAR.

FUE LLEGAR LA AMBULANCIA A CASA Y AHÍ SE FUE.

NO ME PUDE DESPEDIR DE MI MAMÁ.

"NUNCA DEJES DE SOÑAR.
ES EL SITIO POR DONDE
LA MUERTE NO SE ANIMA
A ANDAR."

(GABRIEL OGANDO)

SANTCUGAT MAGAZINE - MAIG DE 2017
52 ILLAR
45648
SA TEVA
Av. Cerdanyola 45,
Sant Cugat
93 589 41 73
://www.studigoves.e

"EL LÁPIZ
ENTREGA SU VIDA PARA
QUE YO PUEDA CONTAR LA MÍA."

¿QUÉ NECESITO PARA SER EL MEJOR
DIBUJANTE DEL MUNDO?

SI MIS DIBUJOS HACEN MAGIA,
COSQUILLAS, AMIGOS...

SI HACEN REÍR, SOÑAR.
SI ME SANAN, ME AYUDAN,
SI ME HACEN SENTIR BIEN.
ENTONCES SOY

"EL MEJOR DIBUJANTE,
DEL MUNDO".

SIN LUGAR A DUDAS:
Y SI NO PREGÚNTENSELO A MI MAMÁ.

MI HIJO
ES EL MEJOR
DIBUJANTE
DEL MUNDO.

CÓMO. ¿NO CONOCE AGUSTÍ? EL MEJOR DIBUJANTE DEL MUNDO.

EL PAPEL
EN BLANCO
ES LA CASA
DONDE YO
VIVO
Y LO LLENO
DE EXPERIENCIAS
QUE ME SIRVEN
PARA APRENDER.

"MUCHAS GRACIAS A TOD@S LOS QUE ME AYUDARON PARA QUE ÉSTE LIBRO VEA LA LUZ".

l'IBI
CINEMA SANT CUGAT
YELMO
rendа
· Famílies
· Majors de 65
costat de les fam
des de
12,5€
hora